くわしいカラー解答付

建築構造力学
演習問題 I
静定構造編

青木　敬
TAKASHI AOKI

ブックウェイ

目　次

本書の使用方法　　　　　　　　　　　　　　　　　　　　　　　　　　　　Ⅰ-5

建築構造力学演習問題Ⅰ（静定構造編）

力の合成と分解	１点から始まる力の合成と分解をしよう	Ⅰ-6
	平行な２力の合成（図式解法・算式解法：バリニオンの定理）をしよう	Ⅰ-7
	任意の３力の合成（図式解法）と平行な３力の合成（算式解法）をしよう	Ⅰ-8
反力	反力数と反力の向きを書いてみよう	Ⅰ-9
	単純梁・片持梁・静定ラーメンの反力を出してみよう①	Ⅰ-10
	単純梁・片持梁・静定ラーメンの反力を出してみよう②	Ⅰ-11
静定・不静定	不安定・安定(静定・不静定)判別式と不静定次数を理解しよう	Ⅰ-12
静定梁（単純梁）	静定梁(単純梁)を解いてみよう①	Ⅰ-13
	静定梁(単純梁)を解いてみよう②	Ⅰ-14
	静定梁(単純梁)を解いてみよう③	Ⅰ-15
	静定梁(単純梁)を解いてみよう④	Ⅰ-16
キャンティレバー（片持梁）	キャンティレバー(片持梁)を解いてみよう①	Ⅰ-17
	キャンティレバー(片持梁)を解いてみよう②	Ⅰ-18
	キャンティレバー(片持梁)を解いてみよう③	Ⅰ-19
	キャンティレバー(片持梁)を解いてみよう④	Ⅰ-20
単純梁系ラーメン	単純梁系ラーメンを解いてみよう①	Ⅰ-21
	単純梁系ラーメンを解いてみよう②	Ⅰ-22
	単純梁系ラーメンを解いてみよう③	Ⅰ-23
３ヒンジラーメン	３ヒンジラーメンを解いてみよう①	Ⅰ-24
	３ヒンジラーメンを解いてみよう②	Ⅰ-25
応力度・ひずみ度	応力度とひずみ度を求めよう	Ⅰ-26
図心・断面２次モーメント・断面係数	図心・断面２次モーメント・断面係数を求めよう	Ⅰ-27
静定トラス	静定トラスをクレモナ図解法(節点法)で解いてみよう①	Ⅰ-28
	静定トラスをクレモナ図解法(節点法)で解いてみよう②	Ⅰ-29
	静定トラスを算式解法で解いてみよう	Ⅰ-30
	静定トラスを切断法(リッターの切断法)で解いてみよう	Ⅰ-31

目　　　次（続き）

建築構造力学演習問題Ⅰ　詳細解答（静定構造編）	分類	項目	ページ
	力の合成と分解	1点から始まる力の合成と分解をしよう（解答）	Ⅰ-32
		平行な2力の合成（図式解法・算定解法：バリニオンの定理）をしよう（解答）	Ⅰ-33
		任意の3力の合成（図式解法）と平行な3力の合成（算式解法）をしよう（解答）	Ⅰ-34
	反　力	反力数と反力の向きを書いて見よう（解答）	Ⅰ-35
		単純梁・片持梁・静定ラーメンの反力を出してみよう①（解答）	Ⅰ-36
		単純梁・片持梁・静定ラーメンの反力を出してみよう②（解答）	Ⅰ-37
	静定・不静定	不安定・安定（静定・不静定）判別式と不静定次数を理解しよう（解答）	Ⅰ-38
	静定梁（単純梁）	静定梁（単純梁）を解いてみよう①（解答）	Ⅰ-39
		静定梁（単純梁）を解いてみよう②（解答）	Ⅰ-40
		静定梁（単純梁）を解いてみよう③（解答）	Ⅰ-41
		静定梁（単純梁）を解いてみよう④（解答）	Ⅰ-42
	キャンティレバー（片持梁）	キャンティレバー（片持梁）を解いてみよう①（解答）	Ⅰ-43
		キャンティレバー（片持梁）を解いてみよう②（解答）	Ⅰ-44
		キャンティレバー（片持梁）を解いてみよう③（解答）	Ⅰ-45
		キャンティレバー（片持梁）を解いてみよう④（解答）	Ⅰ-46
	単純梁系ラーメン	単純梁系ラーメンを解いてみよう①（解答）	Ⅰ-47
		単純梁系ラーメンを解いてみよう②（解答）	Ⅰ-48
		単純梁系ラーメンを解いてみよう③（解答）	Ⅰ-49
	3ヒンジラーメン	3ヒンジラーメンを解いてみよう①（解答）	Ⅰ-50
		3ヒンジラーメンを解いてみよう②（解答）	Ⅰ-51
	応力度・ひずみ度	応力度とひずみ度を求めよう（解答）	Ⅰ-52
	図心・断面2次モーメント・断面係数	図心・断面2次モーメント・断面係数を求めよう（解答）	Ⅰ-53
	静定トラス	静定トラスをクレモナ図解法（節点法）で解いてみよう①（解答）	Ⅰ-54
		静定トラスをクレモナ図解法（節点法）で解いてみよう②（解答）	Ⅰ-55
		静定トラスを算式解法で解いてみよう（解答）	Ⅰ-56
		静定トラスを切断法（リッターの切断法）で解いてみよう（解答）	Ⅰ-57

本書の使用方法

各ページは２mm方眼の上に書いてあります。演習問題を印刷して、紙の上で三角定規を２つ用いて平行移動等をして、図式解法で解くことができます。また、紙の上に算式解法で解いて解答と照合することもできます。

平行線の引き方の例

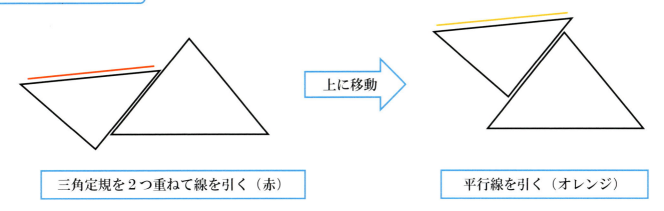

| 三角定規を２つ重ねて線を引く（赤） | 上に移動 | 平行線を引く（オレンジ） |

※ 問題が解けない場合は、詳細解答の一部をみて少し理解し、解いてみます。さらに一部をみて徐々に理解して下さい。

力の単位はN（ニュートン）、KN（キロニュートン）
長さの単位はm（メートル）、mm（ミリメートル）

1点から始まる力の合成と分解をしよう

1　次の合力を求めなさい。（①と②は合力を③と④は合力の大きさと角度を求めなさい）

①　図式解法

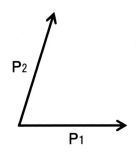

②　図式解法

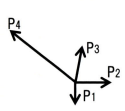

③　算式解法

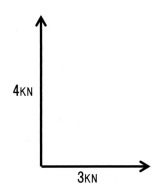

④　算式解法

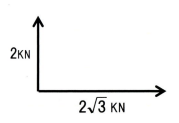

2　次の力をX・Y軸上の分力に分解しなさい。

①

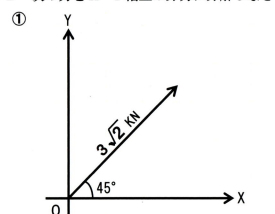

②

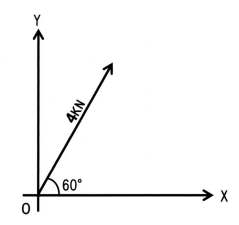

平行な2力の合成(図式解法・算式解法:バリニオンの定理)をしよう

1 次の平行な力の合力を求めなさい。(図式解法)

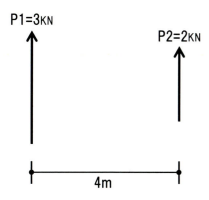

2 次の平行な力の合力を求めなさい。(算式解法:バリニオンの定理)

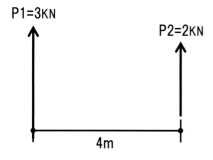

任意の3力の合成(図式解法)と平行な3力の合成(算式解法)をしよう

3　次の平行でない3力の合力を求めなさい。（図式解法）
　　ただし、1KN＝1cmとして力の矢印は書いています。

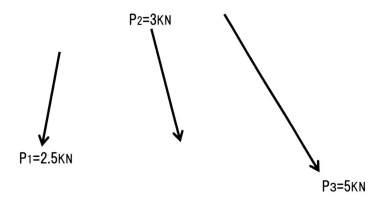

4　次の平行な3力の合力を求めなさい。（算式解法：バリニオンの定理）

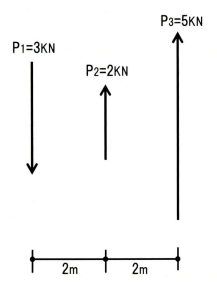

反力数と反力の向きを書いてみよう

1 次の構造における反力数と反力の向きを矢印で書きなさい。

① 単純梁　　　　　　　　　　　　　　　　　　　　　　　　　　反力数：

② 片持梁（キャンティレバー）　　　　　　　　　　　　　　　　反力数：

③ 単純梁系トラス（キングポストトラス）　　　　　　　　　　　反力数：

④ 片持梁系トラス　　　　　　　　　　　　　　　　　　　　　　反力数：

⑤ 単純梁系ラーメン　　　　　　　　　　　　　　　　　　　　　反力数：

⑥ 片持梁系ラーメン　　　　　　　　　　　　　　　　　　　　　反力数：

⑦ 門型ラーメン　　　　　　　　　　　　　　　　　　　　　　　反力数：

⑧ 3ヒンジラーメン　　　　　　　　　　　　　　　　　　　　　反力数：

単純梁・片持梁・静定ラーメンの反力を出してみよう①

1 次の梁の反力を、算式解法で求めなさい。

①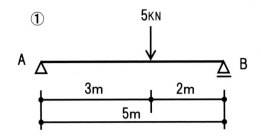

②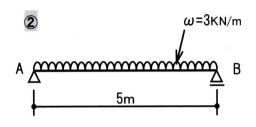

③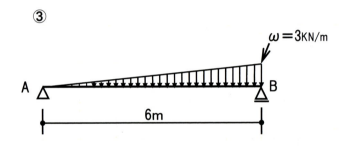

④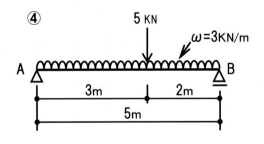

⑤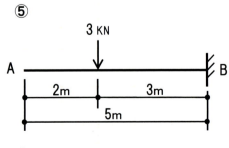

⑥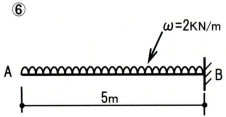

単純梁・片持梁・静定ラーメンの反力を出してみよう②

⑦
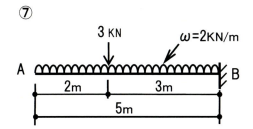

⑧
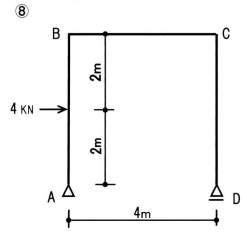

⑨
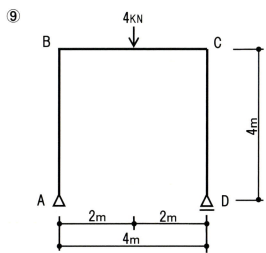

⑩
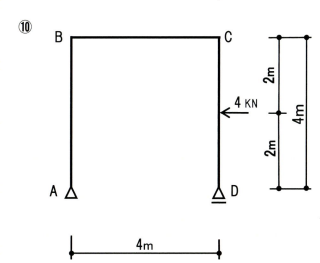

不安定・安定(静定・不静定)判別式と不静定次数を理解しよう

1　以下の判別式を用い、①から⑧の構造の不安定・安定（静定・不静定）を判別しなさい。
　　なお、不静定の場合は不静定次数も求めなさい。また、反力の矢印も記入しなさい。

＜判別式＞　　　$m+s+r+2k<0$　不安定
　　　　　　　　　　　　　　　　$=0$　安定（静定）
　　　　　　　　　　　　　　　　>0　安定（不静定）＝1　のとき、不静定次数1（1次不静定）
　m：反力数　　　　　　　　　　　　　　　　　　　　＝2　のとき、不静定次数2（2次不静定）
　s：部材数　　　　　　　　　　　　　　　　　　　　＝3　のとき、不静定次数3（3次不静定）
　r：接点である1つの材に剛接合されている部材数
　k：支点と節点の数（※自由端も1つに数えることを忘れずに！）

①
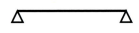

⑤
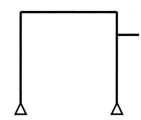

②
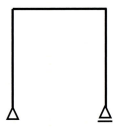

⑥
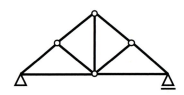

③
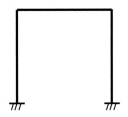

⑦
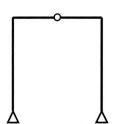

④
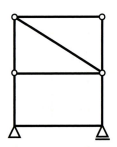

⑧
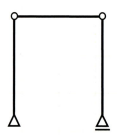

静定梁(単純梁)を解いてみよう①

1 次の静定梁（単純梁）の反力、せん断力、曲げモーメントを求め、Q図とM図を書きなさい。

①

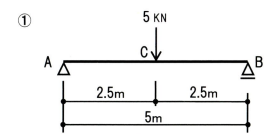

Q図 ━━━━━━━━━━━━

M図 ━━━━━━━━━━━━

②

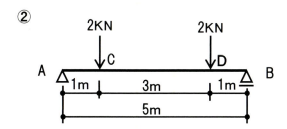

Q図 ━━━━━━━━━━━━

M図 ━━━━━━━━━━━━

静定梁(単純梁)を解いてみよう②

2　次の単純梁を解き、Q・M図を書きなさい。

①

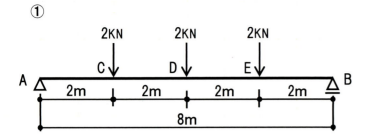

Q図 ━━━━━━━━━━━━━━━━━━

M図 ━━━━━━━━━━━━━━━━━━

②

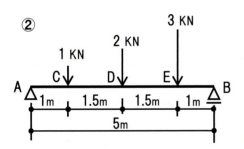

Q図 ━━━━━━━━━━━

M図 ━━━━━━━━━━━

静定梁(単純梁)を解いてみよう③

3 次の単純梁を解き、Q・M図を書きなさい。(ただし、①はN図も書きなさい。)

①

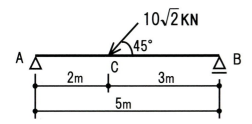

N図 ━━━━━━━━━━━━━

Q図 ━━━━━━━━━━━━━

M図 ━━━━━━━━━━━━━

②

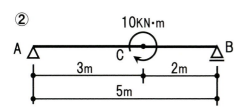

Q図 ━━━━━━━━━━━━━

M図 ━━━━━━━━━━━━━

静定梁(単純梁)を解いてみよう④

1 次の単純梁を解き、Q・M図を書きなさい。

①

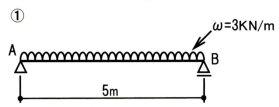

Q図 ━━━━━━━━━━━━━━

M図 ━━━━━━━━━━━━━━

②

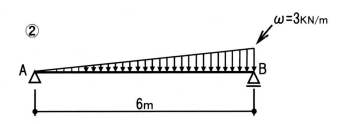

Q図 ━━━━━━━━━━━━━━

M図 ━━━━━━━━━━━━━━

キャンティレバー(片持梁)を解いてみよう①

1 次のキャンティレバー(片持梁)を解き、Q・M図を書きなさい。

①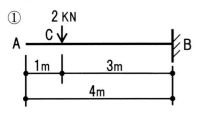

Q図 ─────────────

M図 ─────────────

②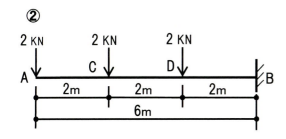

Q図 ═════════════

M図 ─────────────

キャンティレバー(片持梁)を解いてみよう②

2　次のキャンティレバー(片持梁)を解き、①はQ・M図、②はN・Q・M図を書きなさい。

①

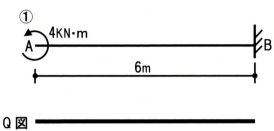

Q図 ─────────────

M図 ─────────────

②

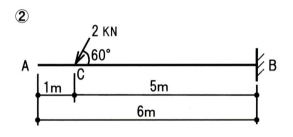

N図 ─────────────

Q図 ─────────────

M図 ─────────────

キャンティレバー（片持梁）を解いてみよう③

3 次の片持梁を解き、Q・M図を書きなさい。

①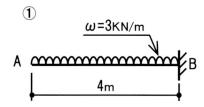

Q図 ━━━━━━━━━━

M図 ━━━━━━━━━━

②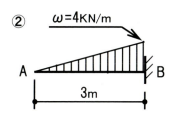

Q図 ━━━━━━━━━━

M図 ━━━━━━━━━━

キャンティレバー(片持梁)を解いてみよう④

4 次の片持梁を解き、Q・M図を書きなさい。

①

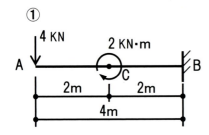

Q図 ━━━━━━━━━

M図 ━━━━━━━━━

②

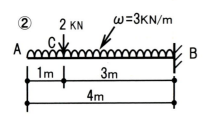

Q図 ━━━━━━━━━

M図 ━━━━━━━━━

単純梁系ラーメンを解いてみよう①

1 次の単純梁系ラーメンを解き、N・Q・M図を書きなさい。

①

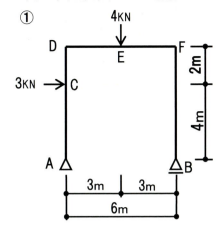

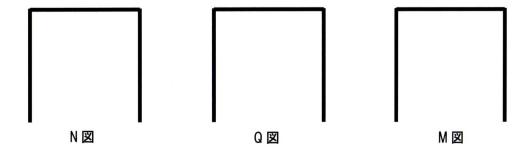

N図　　　　　Q図　　　　　M図

単純梁系ラーメンを解いてみよう②

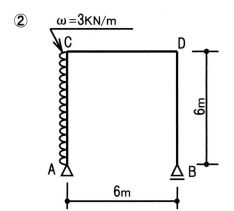

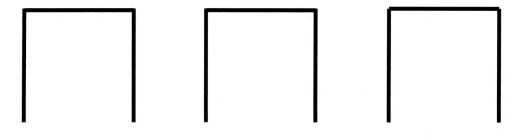

N図　　　　　　　　Q図　　　　　　　　M図

単純梁系ラーメンを解いてみよう③

③

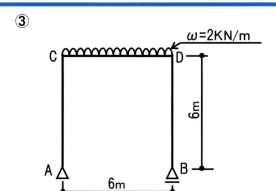

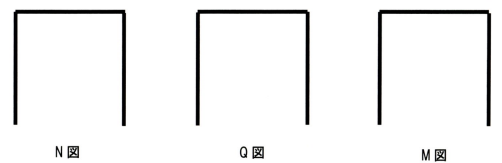

N図　　　　　Q図　　　　　M図

3ヒンジラーメンを解いてみよう①

1 次の3ヒンジラーメンを解き、N・Q・M図を書きなさい。

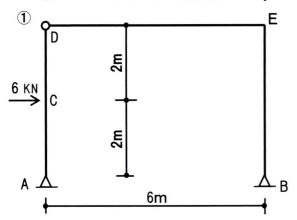

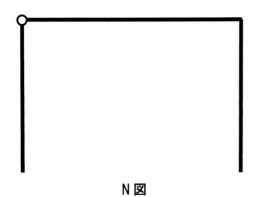

N図

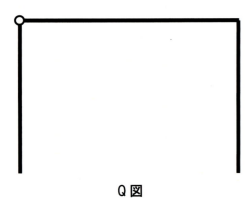

Q図

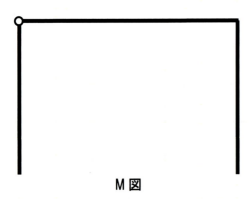

M図

3ヒンジラーメンを解いてみよう②

②

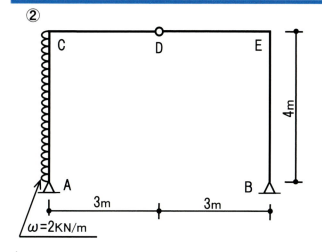

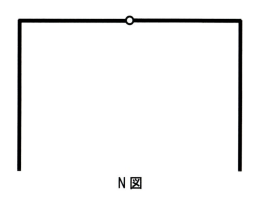

N図

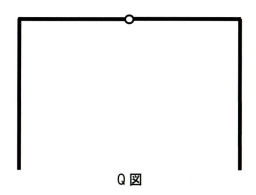

Q図

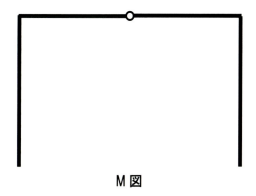

M図

応力度とひずみ度を求めよう

1　次の応力度を求めなさい。

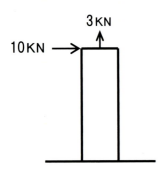

① 垂直応力度（σ：シグマ）

② せん断応力度（τ：タウ）

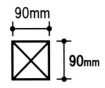

2　次のひずみ度を求めなさい。（引張で、破線から実線へと伸びた場合）

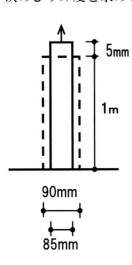

① 縦ひずみ度（ε：イプシロン）

② 横ひずみ度（ε´：イプシロンダッシュ）

③ ポアソン比（ν：ニュー）

図心・断面2次モーメント・断面係数を求めよう

1 次の図心の位置を求めなさい。(単位はmm)

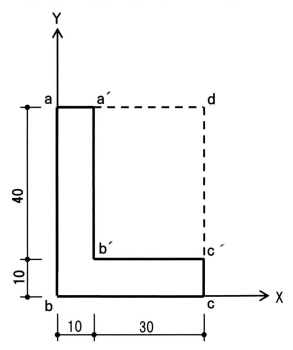

2 次の断面の断面2次モーメント(I)を求めなさい。(中央は空洞、単位はmm)

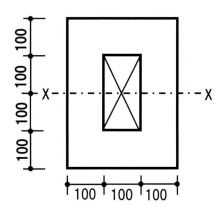

3 次の断面の断面係数(Z)を求めなさい。(単位はmm)

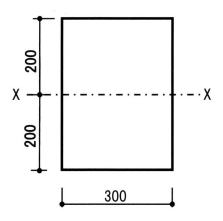

静定トラスをクレモナ図解法(節点法)で解いてみよう①

1 次のキングポストトラスをクレモナ図解法（節点法）で解き、軸方向力図を書きなさい。

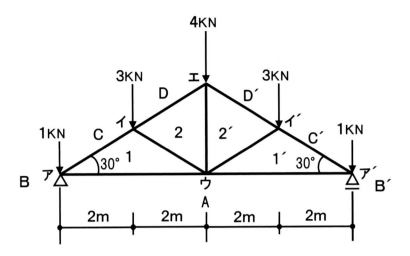

静定トラスをクレモナ図解法(節点法)で解いてみよう②

2 次のフィンクトラスをクレモナ図解法（節点法）で解き、軸方向力図を書きなさい。

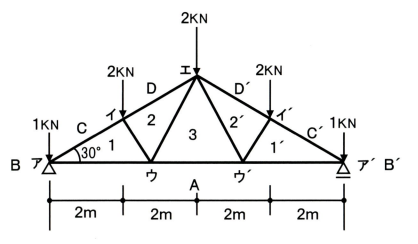

静定トラスを算式解法で解いてみよう

1 次のキングポストトラスを算式解法で解き、軸方向力図を書きなさい。

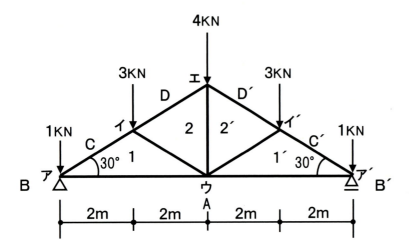

静定トラスを切断法(リッターの切断法)で解いてみよう

1 次のプラットトラスのEG材の軸方向力を、切断法（リッターの切断法）によって求めなさい。

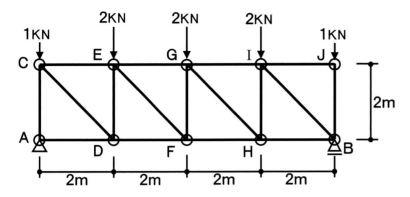

2 次の、片持梁系トラスのA部材の軸方向力を、切断法（リッターの切断法）によって求めなさい。

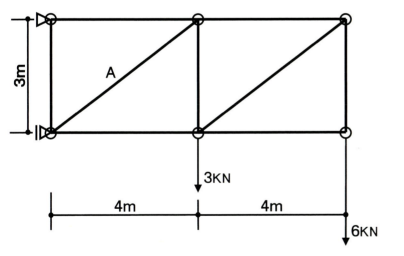

1点から始まる力の合成と分解をしよう （解答）

1 次の合力を求めなさい。（①と②は合力を③と④は合力の大きさと角度を求めなさい）

① 図式解法

手順
①平行四辺形の定理で、P1，P2と平行な線を引く。
②交点とP1，P2の始点とを結ぶと**合力R**になる。

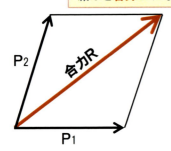

② 図式解法

手順
①P1→P2→P3→P4と三角定規で平行移動する。
②P1の始点とP4の終点を結ぶと**合力R**になる。
③合力とは、近道を通ることと、憶えるといい！

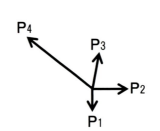
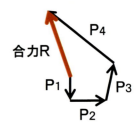

③ 算式解法

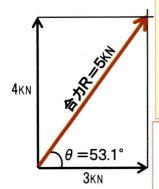

三平方の定理より

$R = \sqrt{3^2 + 4^2} = \underline{5\text{KN}}$

$\tan^{-1}\left(\dfrac{4}{3}\right) = 53.1°$

※ $\tan^{-1}$: アークタンジェントとは、三角比で**高さ/底辺**が決まっているときの角度を求めるもので、関数電卓のキーにあるのでそれを使用するといい！

④ 算式解法

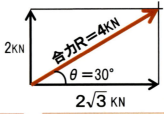

三平方の定理より

$R = \sqrt{2^2 + (2\sqrt{3})^2} = 4\text{KN}$

$\tan^{-1}\left(\dfrac{2}{2\sqrt{3}}\right) = 30°$

2 次の力をX・Y軸上の分力に分解しなさい。

①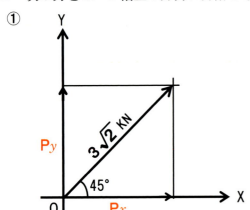

$P = 3\sqrt{2}$　$\theta = 45°$ を代入する。

$\begin{cases} Px = P\cos\theta \\ Py = P\sin\theta \end{cases}$ なので

$Px = 3\sqrt{2}\cos 45° = 3\sqrt{2} \times \dfrac{1}{\sqrt{2}} = 3\text{KN}$

$Py = 3\sqrt{2}\sin 45° = 3\sqrt{2} \times \dfrac{1}{\sqrt{2}} = 3\text{KN}$

②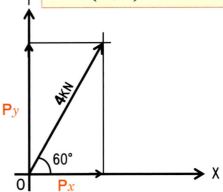

$P = 4$　$\theta = 60°$ を代入する。

$\begin{cases} Px = P\cos\theta \\ Py = P\sin\theta \end{cases}$ なので

$Px = 4\cos 60° = 4 \times \dfrac{1}{2} = 2\text{KN}$

$Py = 4\sin 60° = 4 \times \dfrac{\sqrt{3}}{2} = 2\sqrt{3}\text{KN}$

平行な2力の合成(図式解法・算式解法：バリニオンの定理)をしよう　(解答)

1　次の平行な力の合力を求めなさい。（図式解法）

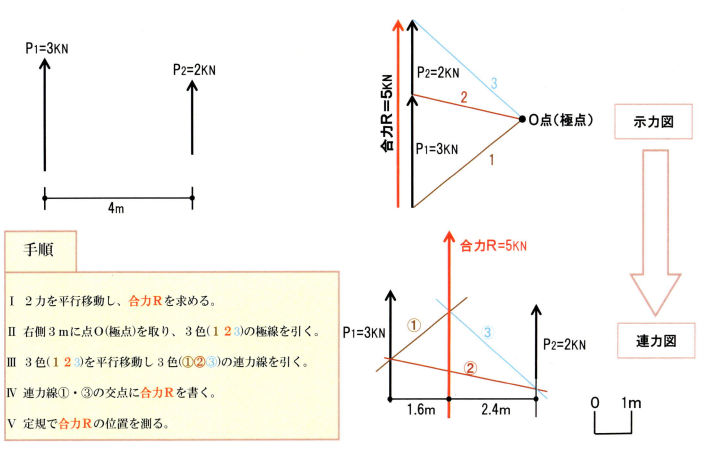

手順

Ⅰ　2力を平行移動し、合力Rを求める。
Ⅱ　右側3mに点O（極点）を取り、3色（1 2 3）の極線を引く。
Ⅲ　3色（1 2 3）を平行移動し3色（①②③）の連力線を引く。
Ⅳ　連力線①・③の交点に合力Rを書く。
Ⅴ　定規で合力Rの位置を測る。

2　次の平行な力の合力を求めなさい。（算式解法：バリニオンの定理）

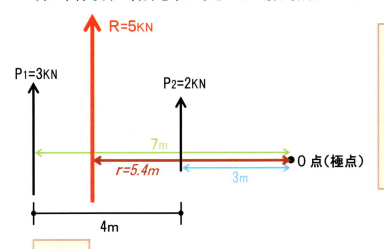

$R = 3KN + 2KN = 5KN$（合力）

$R \cdot r = \Sigma M_0 = 3KN \times 7m + 2KN \times 3m = 27KN \cdot m$

$\therefore r = \dfrac{27}{R} = \dfrac{27KN \cdot m}{5KN} = +5.4m$

合力の位置は、上向きで、rが正なので、極点の左側（∵時計回りの力でプラス）

手順

Ⅰ　2力を合計し、合力Rの大きさを求める。
Ⅱ　右側に3m（紙の上では3cm）離れて、O点（極点）を取る。
Ⅲ　極点を中心に、（合力Rの力のモーメント）=（P1とP2の力のモーメント）として式を立てる。
Ⅳ　合力Rから、極点までの距離rを求める。
Ⅴ　図上に、上向きで極点の左側が正で合力を記入。

任意の3力の合成（図式解法）と平行な3力の合成（算式解法）をしよう　（解答）

3　次の平行でない3力の合力を求めなさい。（図式解法）

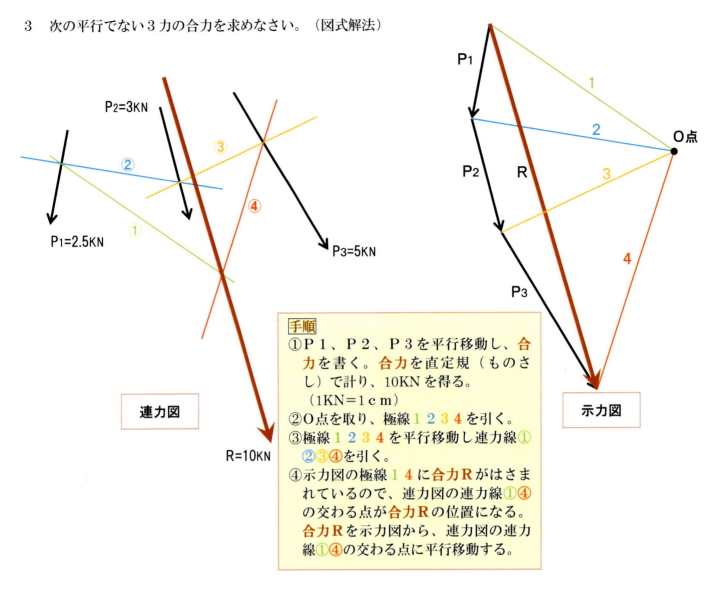

手順
①P1、P2、P3を平行移動し、**合力**を書く。**合力**を直定規（ものさし）で計り、10KNを得る。（1KN＝1ｃｍ）
②O点を取り、極線1 2 3 4を引く。
③極線1 2 3 4を平行移動し連力線①②③④を引く。
④示力図の極線1 4に**合力R**がはさまれているので、連力図の連力線①④の交わる点が**合力R**の位置になる。**合力R**を示力図から、連力図の連力線①④の交わる点に平行移動する。

4　次の平行な3力の合力を求めなさい。（算式解法：バリニオンの定理）

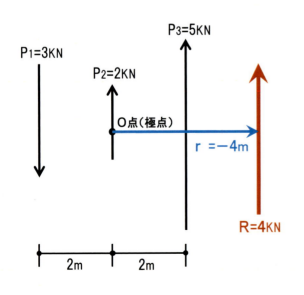

$R = -3\text{KN} + 2\text{KN} + 5\text{KN} = 4\text{KN}(\uparrow)$

$R \cdot r = \Sigma M_0 = -3\text{KN} \times 2\text{m} + 2\text{KN} \times 0\text{m} - 5\text{KN} \times 2\text{m}$
$\qquad = -16\text{KN} \cdot \text{m}$

∴　$r = \dfrac{-16}{R} = \dfrac{-16}{4} = -4\text{m}$

合力の位置は、上向きで、**r が負**なので、**極点の右側に4m**の位置。（∵反時計回りの力でマイナス）

　R：力の合力
　r：極点から合力までの最短距離
　ΣM_0：（力×極点までの距離＝モーメント）の合計

反力数と反力の向きを書いてみよう　（解答）

1 次の構造における反力数と反力の向きを矢印で書きなさい。

① 単純梁

② 片持梁（キャンティレバー）

③ 単純梁系トラス（キングポストトラス）

③ 片持梁系トラス

④ 単純梁系ラーメン

⑤ 片持梁系ラーメン

⑥ 門型ラーメン

⑦ 3ヒンジラーメン

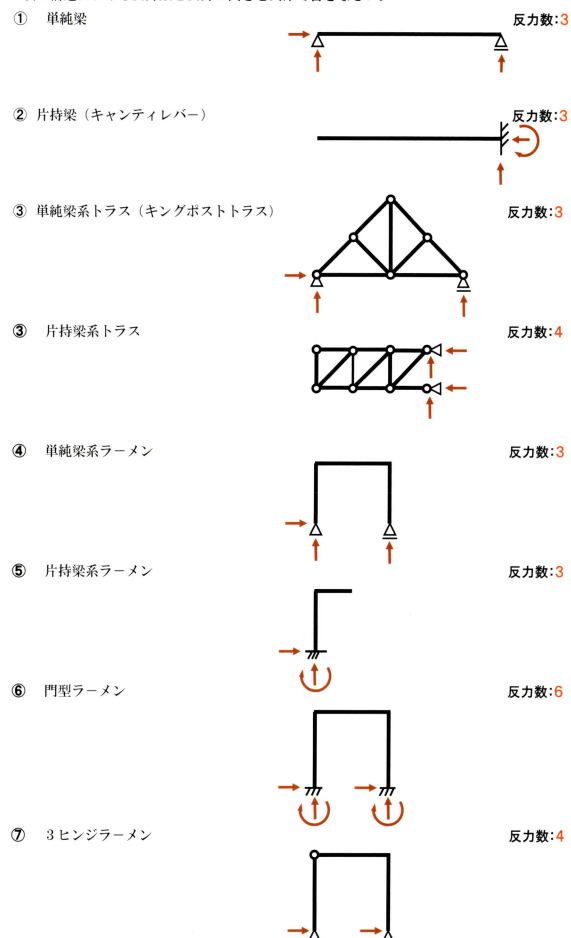

単純梁・片持梁・静定ラーメンの反力を出してみよう① (解答)

1 次の梁の反力を、算式解法で求めなさい。

①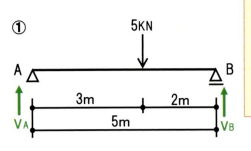

(解答例1)
$\Sigma Y=0$ から
　$V_A+V_B-5KN=0$
$\Sigma M_B=0$ から
　$V_A×2m-5KN×2m=0$
∴ $V_A=2KN(↑)$
　$V_B=3KN(↑)$

(解答例2)
集中荷重が3:2の位置にあり、近い方の反力が大きいので、
$V_A=\dfrac{2m}{5m}×5KN=2KN(↑)$
$V_B=\dfrac{3m}{5m}×5KN=3KN(↑)$

②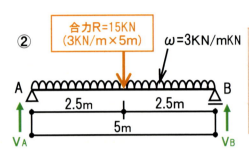

(解答例1)
$\Sigma M_B=0$ から　$V_A×5m-15KN×2.5m=0$
　　　　　　　∴ $V_A=7.5KN(↑)$
$\Sigma Y=0$ から　$V_A+V_B-15KN=0$
　　　　　　　∴ $V_B=7.5KN(↑)$

(解答例2)
左右対称なので、
$V_A=V_B=3KN/m×5m÷2$
　　　$=7.5KN(↑)$

③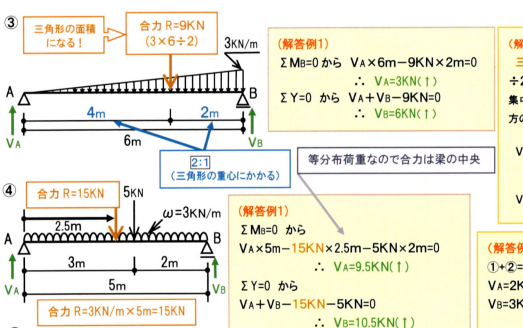

(解答例1)
$\Sigma M_B=0$ から　$V_A×6m-9KN×2m=0$
　　　　　　　∴ $V_A=3KN(↑)$
$\Sigma Y=0$ から　$V_A+V_B-9KN=0$
　　　　　　　∴ $V_B=6KN(↑)$

等分布荷重なので合力は梁の中央

(解答例2)
　三角形の面積=$3KN/m×6m÷2=9KN$(合力R)
集中荷重が2:1の位置にあり、近い方の反力が大きいので、
$V_A=\dfrac{1}{3}×9KN=3KN(↑)$
$V_B=\dfrac{2}{3}×9KN=6KN(↑)$

④

(解答例1)
$\Sigma M_B=0$ から
$V_A×5m-15KN×2.5m-5KN×2m=0$
　　　　　　　∴ $V_A=9.5KN(↑)$
$\Sigma Y=0$ から
$V_A+V_B-15KN-5KN=0$
　　　　　　　∴ $V_B=10.5KN(↑)$

(解答例2)
①+②=④ なので、
$V_A=2KN+7.5KN=9.5KN(↑)$
$V_B=3KN+7.5KN=10.5KN(↑)$

⑤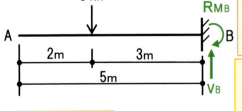

(解答例1)
$\Sigma Y=0$ から　$V_B-3KN=0$　∴ $V_B=3KN(↑)$
$\Sigma M_B=0$ から　$R_{MB}-3KN×3m=0$　∴ $R_{MB}=9KN・m$(時計回り)

(解答例2)
$-3KN×3m=-9KN・m$(反時計回り) ⇒ 反力は時計回りで $+9KN・m=R_{MB}$
荷重が上から3KNなので、反力は下から上へ　$3KN=V_B(↑)$

⑥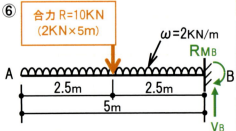

(解答例1)
$\Sigma Y=0$ から　$V_B-2KN/m×5m=0$　∴ $V_B=10KN(↑)$
$\Sigma M_B=0$ から　$R_{MB}-10KN×2.5m=0$　∴ $R_{MB}=25KN・m(↻)$

(解答例2)
$-10KN×2.5m=-25KN・m(↻)$ ⇒ 反力は逆回り　$R_{MB}=25KN・m(↻)$
荷重が上から10KNなので、反力は下から上へ　$V_B=10KN(↑)$

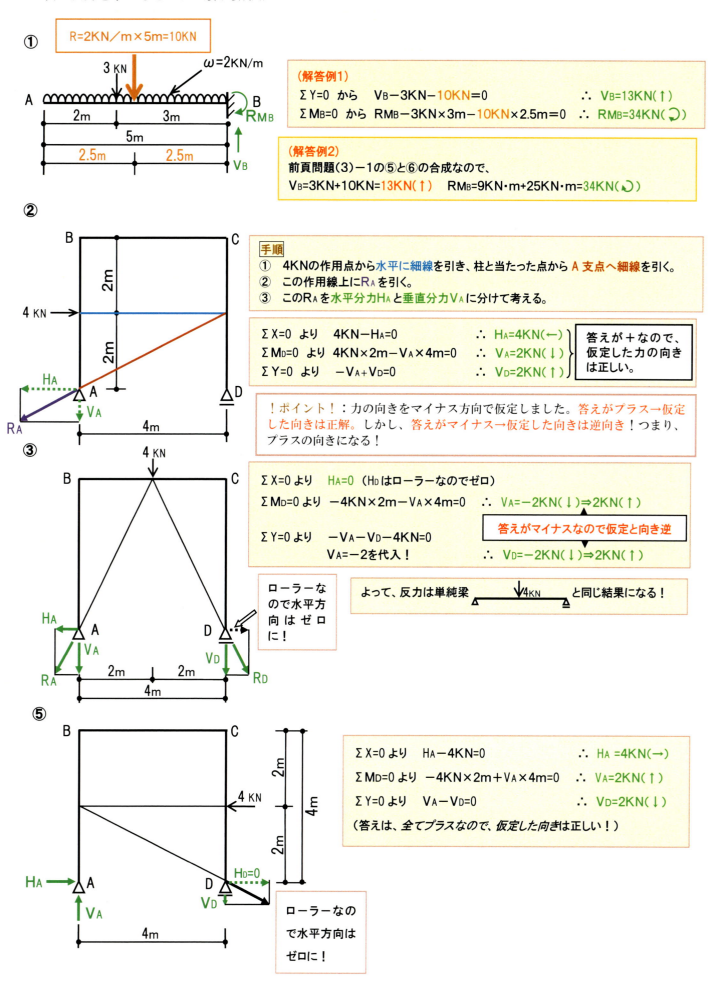

不安定・安定(静定・不静定)判別式と不静定次数を理解しよう　(解答)

1　以下の判別式を用い、①から⑧の構造の不安定・安定（静定・不静定）を判別しなさい。なお、不静定の場合は不静定次数も求めなさい。また、構造の反力も記入しなさい。

＜判別式＞　　　$m+s+r+2k<0$　不安定
　　　　　　　　　　　　　　　　$=0$　安定（静定）
　　　　　　　　　　　　　　　　>0　安定（不静定）　$=1$　のとき、不静定次数1（1次不静定）
　　　　　　　　　　　　　　　　　　　　　　　　　　　$=2$　のとき、不静定次数2（2次不静定）
　　　　　　　　　　　　　　　　　　　　　　　　　　　$=3$　のとき、不静定次数3（3次不静定）

m：反力数
s：部材数
r：接点である1つの材に剛接合されている部材数
k：支点と節点の数（※自由端も1つに数えることを忘れずに！）

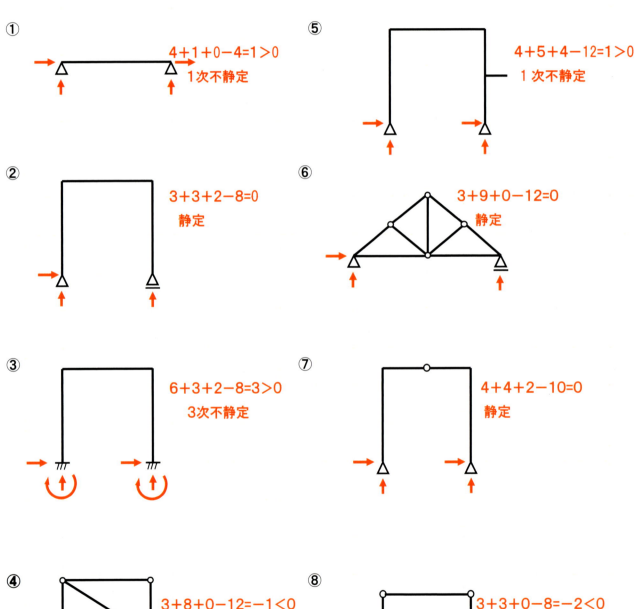

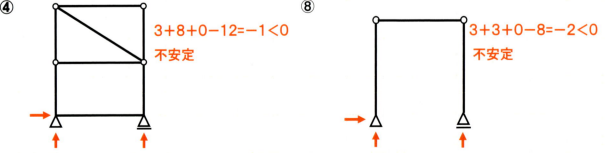

静定梁(単純梁)を解いてみよう① (解答)

1 次の静定梁（単純梁）の反力、せん断力、曲げモーメントを求め、Q図とM図を書きなさい。

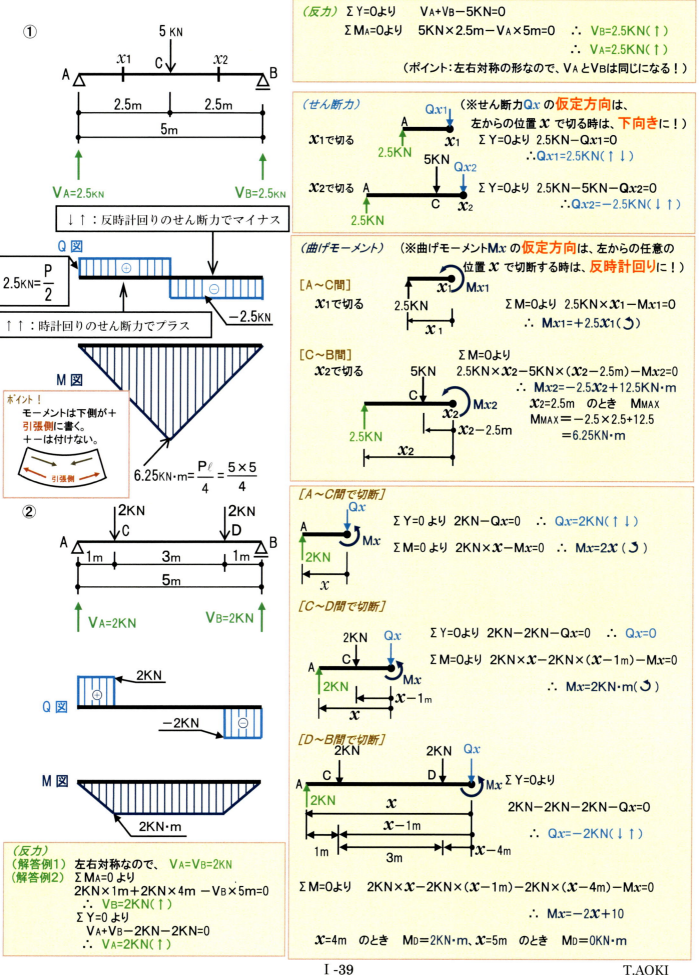

静定梁(単純梁)を解いてみよう② （解答）

2 次の単純梁を解き、Q・M図を書きなさい。

①

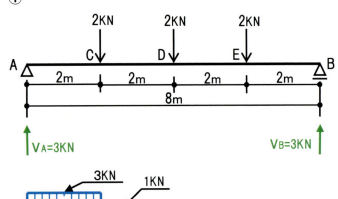

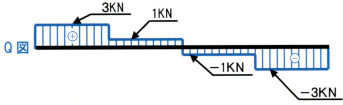

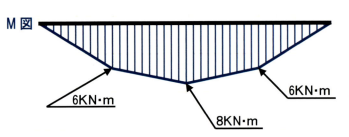

②

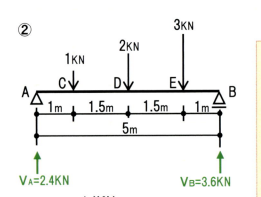

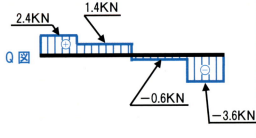

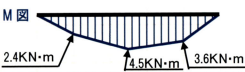

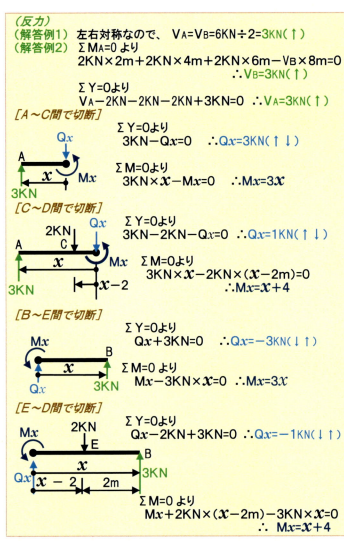

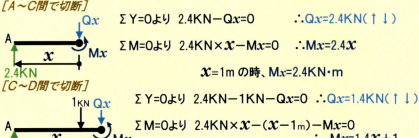

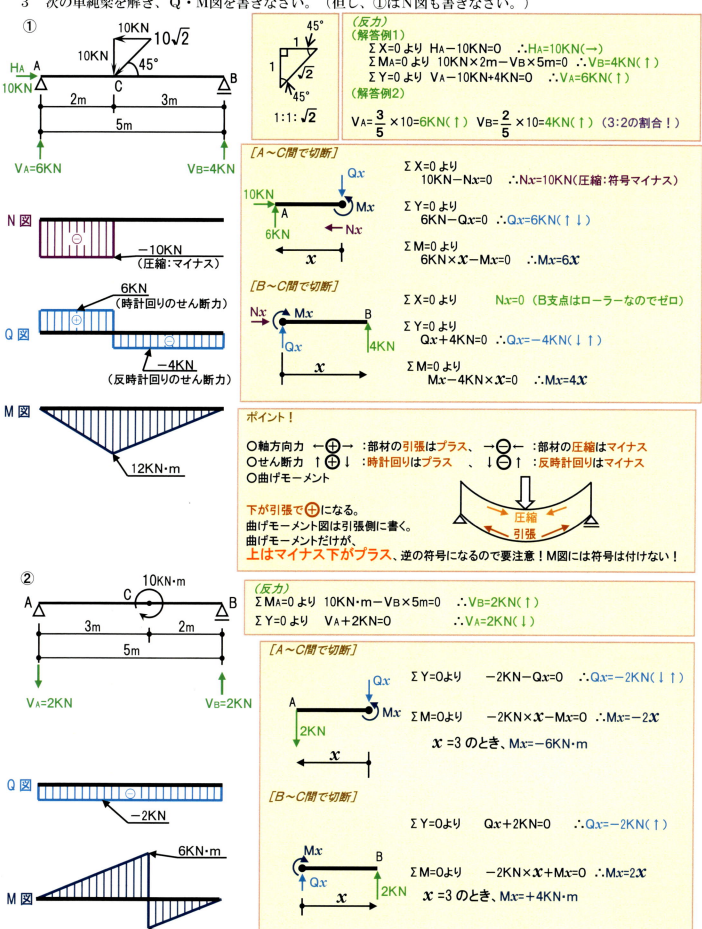

静定梁(単純梁)を解いてみよう④

(解答)

4 次の単純梁を解き、Q・M図を書きなさい。

①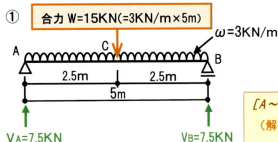

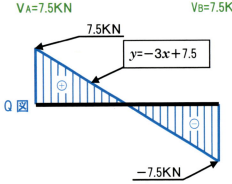

(反力)
(解答例1)
$\Sigma M_A=0$ より $15KN \times 2.5m - V_B \times 5m = 0$ $\therefore V_B = 7.5KN(\uparrow)$
$\Sigma Y=0$ より $V_A - 15KN + 7.5KN = 0$ $\therefore V_A = 7.5KN(\uparrow)$
(解答例2)
$V_A = V_B = \dfrac{\omega \ell}{2} = \dfrac{3KN \times 5m}{2} = 7.5KN(\uparrow)$(左右対称、合力を2で割る)

[A〜B間で切断]
(解答例1)

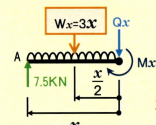

$\Sigma Y=0$ より $7.5KN - Wx - Qx = 0$
$\therefore Qx = -3x + 7.5KN$

$x=0$ で Q_{max} になり、$Q_C = 7.5KN(\uparrow\downarrow)$:プラス
$x=5$ で Q_{max} になり、$Q_C = -7.5KN(\downarrow\uparrow)$:マイナス
$x=2.5$ で Q_{min} になり、$Q_C = 0KN$

$\Sigma M=0$ より $7.5KN \times x - 3x \times \dfrac{x}{2} - Mx = 0$

$\therefore Mx = -\dfrac{3}{2}x^2 + 7.5x$

$x=2.5m$ のとき M が最大値、$M_{MAX} = 9.375KN \cdot m$

(解答例2)
単純梁で等分布荷重時の最大モーメントの公式から

$Q_{AMAX} = \dfrac{\omega\ell}{2} = \dfrac{3 \times 5}{2} = 7.5KN(\uparrow\downarrow)$ $Q_{BMAX} = -\dfrac{\omega\ell}{2} = -\dfrac{3 \times 5}{2} = -7.5KN(\downarrow\uparrow)$

$M_{MAX} = \dfrac{\omega\ell^2}{8} = \dfrac{3 \times 5^2}{8} = 9.375KN \cdot m(\curvearrowright)$

②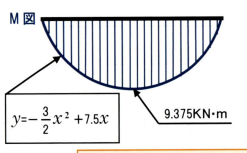

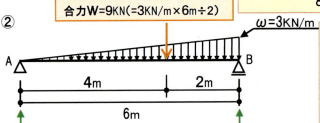

(反力)
(解答例1)
$\Sigma M_A=0$ より $9KN \times 4m - V_B \times 6m = 0$ $\therefore V_B = 6KN(\uparrow)$
$\Sigma Y=0$ より $V_A - 9KN + 6KN = 0$ $\therefore V_A = 3KN(\uparrow)$
(解答例2)
集中荷重が2:1の位置にあり、近い方の反力が大きいので、

$V_A = \dfrac{2m}{6m} \times 9KN = 3KN(\uparrow)$ $V_B = \dfrac{4m}{6m} \times 9KN = 6KN(\uparrow)$

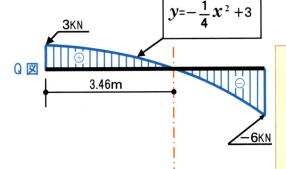

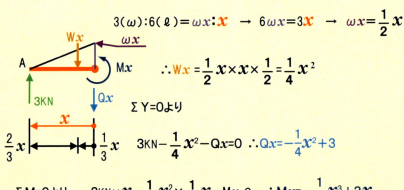

$3(\omega):6(\ell) = \omega x : x \to 6\omega x = 3x \to \omega x = \dfrac{1}{2}x$

$\therefore Wx = \dfrac{1}{2}x \times x \times \dfrac{1}{2} = \dfrac{1}{4}x^2$

$\Sigma Y=0$ より

$3KN - \dfrac{1}{4}x^2 - Qx = 0$ $\therefore Qx = -\dfrac{1}{4}x^2 + 3$

$\Sigma M=0$ より $3KN \times x - \dfrac{1}{4}x^2 \times \dfrac{1}{3}x - Mx = 0$ $\therefore Mx = -\dfrac{1}{12}x^3 + 3x$

$Qx = 0$ のときの x を求める。 $Qx = -\dfrac{1}{4}x^2 + 3 = 0$ $\therefore x = \sqrt{12} = 3.46m$

$x = 3.46$ を Mx に代入、$M_{MAX} = -\dfrac{(\sqrt{12})^3}{12} + 3 \times \sqrt{12} = 6.93KN \cdot m$

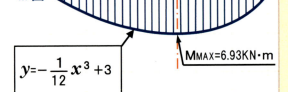

!ポイント!
単純梁で、等変分布荷重の場合、せん断力図は 2 次曲線、曲げモーメント図は 3 次曲線になる。

キャンティレバー（片持梁）を解いてみよう① （解答）

1 次のキャンティレバー（片持梁）を解き、Q・M図を書きなさい。

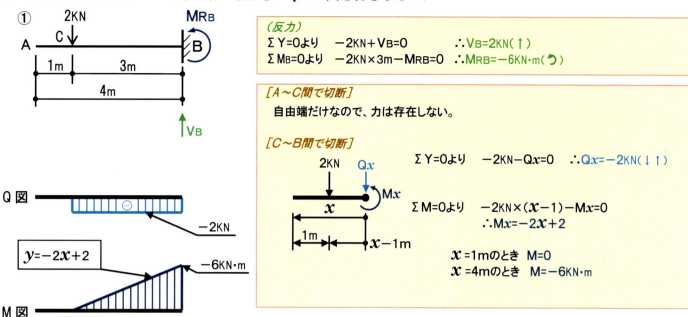

!ポイント！
左側が自由端（Free）、右側が固定端（Fix）の一般的な片持梁は、**反力は求めなくても Q・M図は描ける**。しかし、左側が固定端（Fix）、右側が自由端（Free）の場合は、いままでのやり方では反力を求めないと、計算して Q・M図は描けない。

さらに、!ポイント！
それでも、反力を求めないで、解きたい場合。逆の右から自由端を原点としてある点 x で切断して考えます。そして、仮定するせん断力、曲げモーメントは**プラス方向に仮定**します。

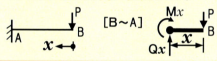

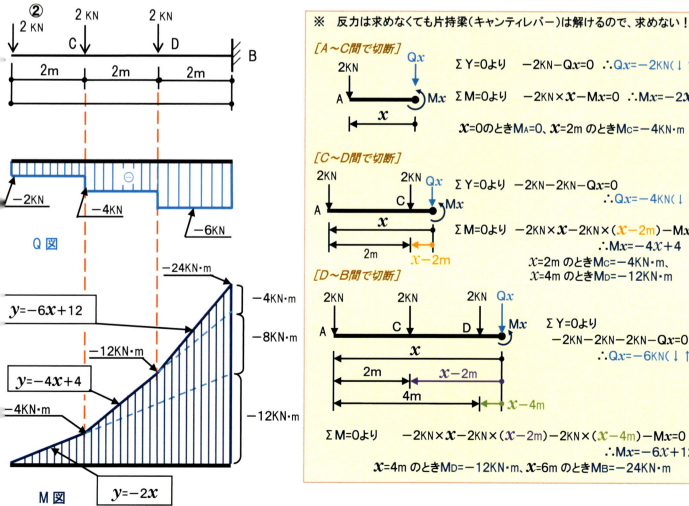

T.AOKI

キャンティレバー(片持梁)を解いてみよう② (解答)

2 次のキャンティレバー(片持梁)を解き、N・Q・M図を書きなさい。

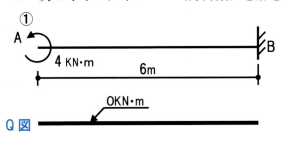

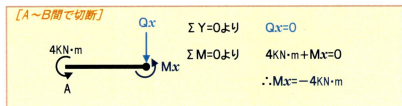

※ 反力は求めなくても片持梁(キャンティレバー)は解けるので、求めない！

[A～B間で切断]

$\Sigma Y = 0$ より $Qx = 0$

$\Sigma M = 0$ より $4KN\cdot m + Mx = 0$

∴ $Mx = -4KN\cdot m$

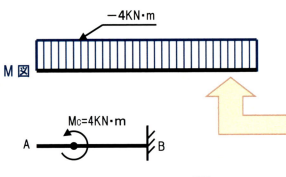

！ポイント！
● 片持梁で、先端にモーメント荷重のみがかかっている場合。
モーメント図は、そのモーメント荷重が梁全体にかかっているものとなる。従って、左上図のように一様な反時計回り(マイナス)のM図になる。
せん断力図は、Qx 以外の垂直方向の力は無いので、Qx はゼロになる。

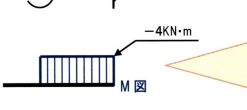

● 片持梁で、途中にモーメント荷重のみがかかっている場合。
モーメント図は、そのモーメント荷重がある部分から、固定端までにかかっているものとなる。荷重点から一様なM図になる。
せん断力図は、Qx 以外の垂直方向の力は無いので、Qx はゼロになる。

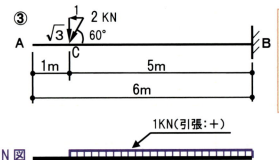

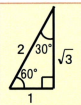

！ポイント！
建築士の試験等は斜めの荷重は必ず、決まった三角比が使われる。ほとんどは、60°、30°、45°の角度です。左の三角形以外は1:1:$\sqrt{2}$ です。(直角三角形の2角が45°)

[A～C間で切断]
自由端なので力は存在しない。

[C～B間で切断]

$\Sigma X = 0$ より

$-1KN - Nx = 0$　∴ $Nx = -1KN(\leftarrow)$

$Nx = 1KN(\rightarrow)$

$\Sigma Y = 0$ より　$-\sqrt{3}KN - Qx = 0$

∴ $Qx = -\sqrt{3}KN = -1.74KN(\downarrow\uparrow)$

$\Sigma M = 0$ より　$-\sqrt{3}(x-1) - Mx = 0$　∴ $Mx = -\sqrt{3}x + \sqrt{3}$

$x = 1m$ のとき　$Mx = 0$、$x = 6m$ のとき　$Mx = -8.7KN\cdot m$

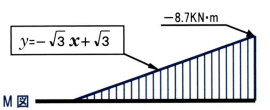

ポイント！
上から荷重がかかる片持梁の場合、M図は必ずマイナス即ち、梁の上に描かれる。
なぜなら、引張側にモーメントは描かれるという、鉄則に従うからだ！

キャンティレバー（片持梁）を解いてみよう③　（解答）

3　次の片持梁を解き、Q・M図を書きなさい。

①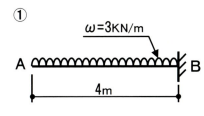

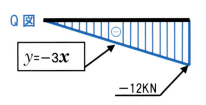

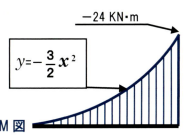

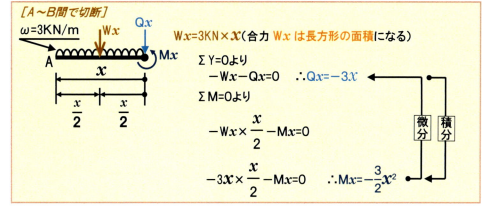

！ポイント！
微分・積分とは、一定の法則にそって計算するものです。以下の例を見てください。
● 微分へのヒント
　例1　x^2 を微分すると、$2x$ になる。　　例2　x^3 を微分すると、$3x^2$ になる。
　例3　x^4 を微分すると、$4x^3$ になる。
● 積分へのヒント
　例4　x を積分すると、$\frac{1}{2}x^2 + C$ になる。　例5　x^2 を積分すると $\frac{1}{3}x^3 + C$ になる。

Cは定数で x^0 になるが、Qx を積分して、Mx にするには、Cは考えなくてよい。

②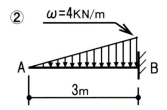

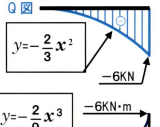

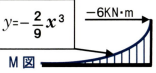

$x=3$ のとき、Q_{MAX}、M_{MAX} なので、上の式にそれぞれ代入する。

$\begin{cases} Q_{MAX} = -6KN \\ M_{MAX} = -6KN \cdot m \end{cases}$

補足
● 等変分布荷重の場合、せん断力図（Q図）は **2次曲線** になる。
● また、曲げモーメント図（M図）は **3次曲線** になる。

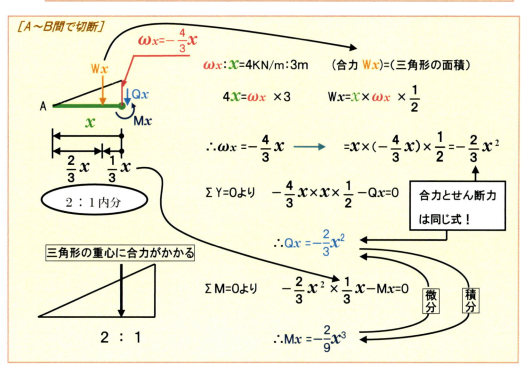

！ポイント！
この三角形に代表される荷重の形は**等変分布荷重**といいます。この問題の場合、**三角形の重心の位置に合力**がかかっているとみなして、解くことが重要になります。そして、この合力は三角形の底辺に当たる梁の長さを2：1の割合で内分させる位置に働きます。即ち、梁の長さを3で割ってその梁の端から、3分の1と3分の2の長さの位置に集中荷重がかかるものとして解くのです。

また、重心とは重さの中心であり、重心に支点を置くと、その支点の左右で重さが釣り合うことになります。

キャンティレバー（片持梁）を解いてみよう④ （解答）

4 次の片持梁を解き、Q・M図を書きなさい。

①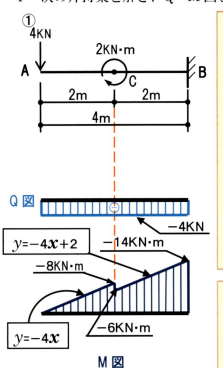

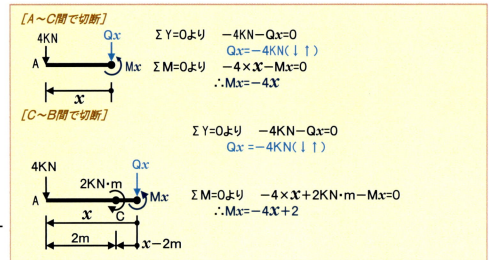

[A〜C間で切断]

$\Sigma Y=0$より　$-4KN-Qx=0$
$Qx=-4KN(↓↑)$

$\Sigma M=0$より　$-4×x-Mx=0$
$\therefore Mx=-4x$

[C〜B間で切断]

$\Sigma Y=0$より　$-4KN-Qx=0$
$Qx=-4KN(↓↑)$

$\Sigma M=0$より　$-4×x+2KN·m-Mx=0$
$\therefore Mx=-4x+2$

C点、B点での曲げモーメントを上の式から求める。

$x=2m$のとき　$M_C=-4×2m=-8KN·m$
　　　　　　　$M_C=-4×2m+2=-6KN·m$
$x=4m$のとき　$M_B=-4×4m+2=-14KN·m$

ポイント！
曲げモーメントのマイナスは、梁の上の部分が引張られている状態を示します。一方、曲げモーメントのプラスは、梁の下の部分が引張られている状態を示す。

②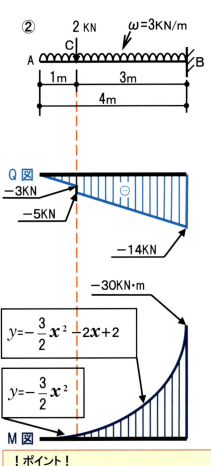

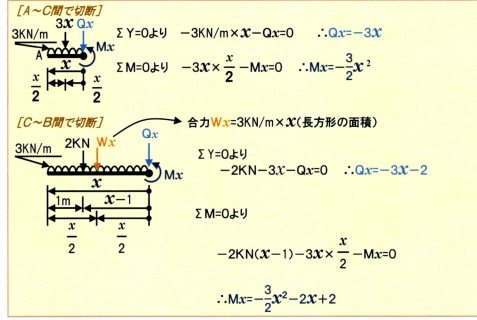

[A〜C間で切断]

$\Sigma Y=0$より　$-3KN/m×x-Qx=0$　$\therefore Qx=-3x$

$\Sigma M=0$より　$-3x×\dfrac{x}{2}-Mx=0$　$\therefore Mx=-\dfrac{3}{2}x^2$

[C〜B間で切断]

合力$Wx=3KN/m×x$（長方形の面積）

$\Sigma Y=0$より
　$-2KN-3x-Qx=0$　$\therefore Qx=-3x-2$

$\Sigma M=0$より

　$-2KN(x-1)-3x×\dfrac{x}{2}-Mx=0$

　$\therefore Mx=-\dfrac{3}{2}x^2-2x+2$

C点、B点でのせん断力を上の式から求める。
$x=1m$のとき
　$Q_C=-3KN/m×1m=-3KN$
　$Q_C=-3KN/m×1m-2KN=-5KN$
$x=4m$のとき
　$Q_B=-3KN/m×4m-2KN=-14KN$

C点、B点での曲げモーメントを上の式から求める。

$x=1m$のとき
　$M_C=-\dfrac{3}{2}1^2=-1.5KN·m$

　$M_C=-\dfrac{3}{2}1^2-2×1+2=-1.5KN·m$

$x=4m$のとき
　$M_C=-\dfrac{3}{2}4^2-2×4+2=-30KN·m$

！ポイント！
等分布荷重の合力は、長方形の面積を求める方法で求めます。
つまり、等分布荷重$ω$×梁の長さℓで求められる。

単純梁系ラーメンを解いてみよう① (解答)

1 次の単純梁系ラーメンを解き、N・Q・M図を書きなさい。

①

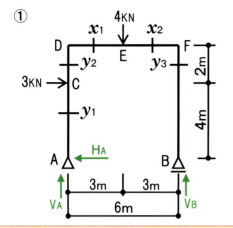

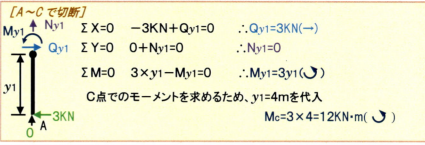

(反力)

$\Sigma X=0$ より
 $3KN-H_A=0$ $\therefore H_A=3KN(\leftarrow)$
$\Sigma M_A=0$ より
 $3KN/m \times 4m+4KN/m \times 3m-V_B \times 6m=0$
         $\therefore V_B=4KN(\uparrow)$
$\Sigma Y=0$ より
 $V_A-4KN+4KN=0$ $\therefore V_A=0$

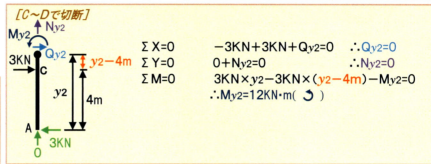

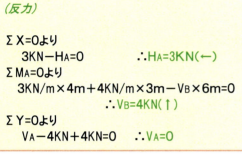

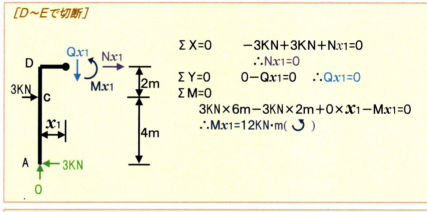

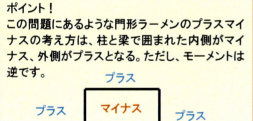

ポイント！
この問題にあるような門形ラーメンのプラスマイナスの考え方は、柱と梁で囲まれた内側がマイナス、外側がプラスとなる。ただし、モーメントは逆です。

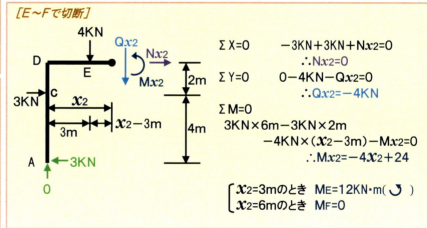

$\begin{cases} x_2=3m のとき & M_E=12KN \cdot m (\circlearrowleft) \\ x_2=6m のとき & M_F=0 \end{cases}$

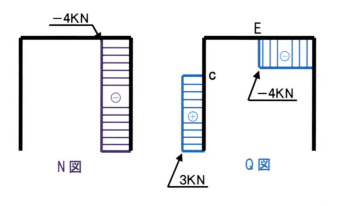

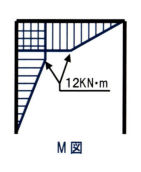

N図   Q図   M図

単純梁系ラーメンを解いてみよう② （解答）

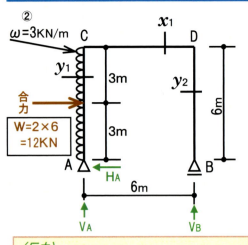

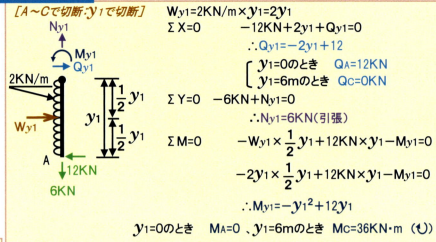

(反力)
ΣX=0より
　12KN－H_A=0　∴H_A=12KN(←)

ΣM_A=0より
　12KN×3m－V_B×6m=0
　　　　　∴V_B=6KN(↑)

ΣY=0より
　V_A+6KN=0　∴V_A=－6KN

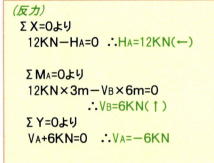

[A～Cで切断：y_1で切断]

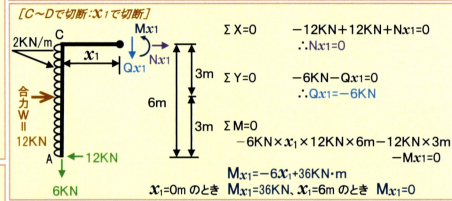

W_{y1}=2KN/m×y_1=2y_1
ΣX=0　　　－12KN+2y_1+Q_{y1}=0
　　　　　　∴Q_{y1}=－2y_1+12
$\begin{cases} y_1=0のとき & Q_A=12KN \\ y_1=6mのとき & Q_C=0KN \end{cases}$
ΣY=0　　　－6KN+N_{y1}=0
　　　　　　∴N_{y1}=6KN(引張)
ΣM=0　　　－W_{y1}×$\frac{1}{2}y_1$+12KN×y_1－M_{y1}=0
　　　　　　－2y_1×$\frac{1}{2}y_1$+12KN×y_1－M_{y1}=0
　　　　　　∴M_{y1}=－y_1^2+12y_1
y_1=0のとき　M_A=0、y_1=6mのとき　M_C=36KN·m（↺）

[B～Dで切断：y_2で切断]

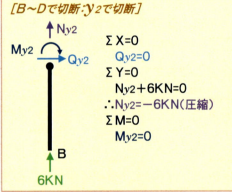

ΣX=0
　Q_{y2}=0
ΣY=0
　N_{y2}+6KN=0
　∴N_{y2}=－6KN(圧縮)
ΣM=0
　M_{y2}=0

[C～Dで切断：x_1で切断]

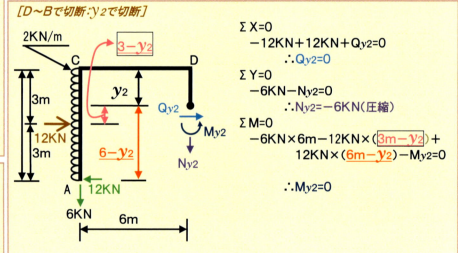

ΣX=0　　　－12KN+12KN+N_{x1}=0
　　　　　　∴N_{x1}=0
ΣY=0　　　－6KN－Q_{x1}=0
　　　　　　∴Q_{x1}=－6KN
ΣM=0
　　－6KN×x_1×12KN×6m－12KN×3m
　　　　　　　　　　　　　　　－M_{x1}=0
M_{x1}=－6x_1+36KN·m
x_1=0mのとき　M_{x1}=36KN、x_1=6mのとき　M_{x1}=0

[D～Bで切断：y_2で切断]

ΣX=0
　－12KN+12KN+Q_{y2}=0
　∴Q_{y2}=0
ΣY=0
　－6KN－N_{y2}=0
　∴N_{y2}=－6KN(圧縮)
ΣM=0
　－6KN×6m－12KN×(3m－y_2)+
　　　　12KN×(6m－y_2)－M_{y2}=0
　∴M_{y2}=0

ポイント！
一般的に、モーメントは柱と梁のところで、内側から内側に、外側から外側に同じ値が伝わる。

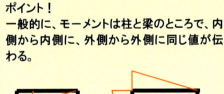

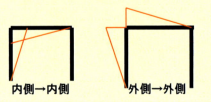

内側→内側　　外側→外側

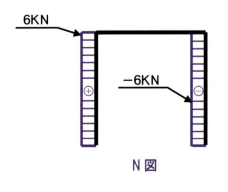

N図

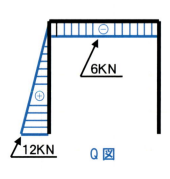

Q図

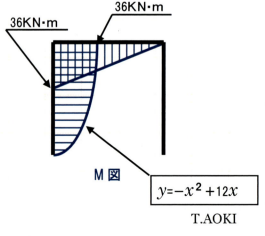

M図

$y=-x^2+12x$

I-48　　T.AOKI

単純梁系ラーメンを解いてみよう③ （解答）

③

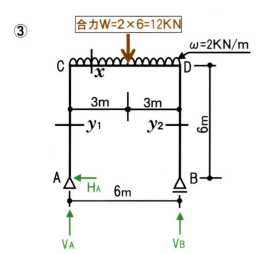

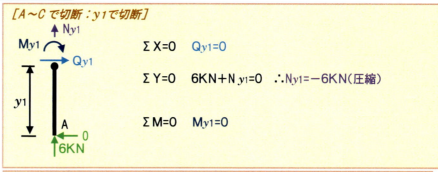

（反力）（別解1）
$\Sigma X = 0$ より　$H_A = 0$
$\Sigma M_A = 0$ より
　　$12KN \times 3m - V_B \times 6m = 0$
　　　$\therefore V_B = 6KN(\uparrow)$
$\Sigma Y = 0$ より
　　$V_A + 6KN - 12KN = 0$
　　　$\therefore V_A = 6KN(\uparrow)$

（別解2）
左右対称なので、合力を2で割る
$$V_A = V_B = \frac{12KN}{2} = 6KN(\uparrow)$$

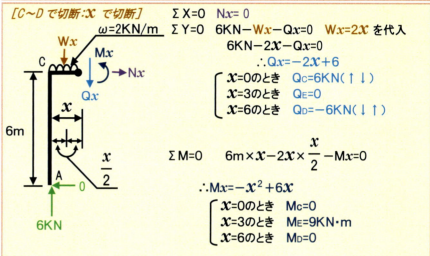

[B〜D で切断：y_2 で切断]

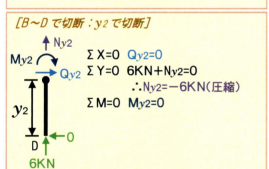

$\Sigma X = 0$　$Q_{y2} = 0$
$\Sigma Y = 0$　$6KN + N_{y2} = 0$
　　　$\therefore N_{y2} = -6KN$（圧縮）
$\Sigma M = 0$　$M_{y2} = 0$

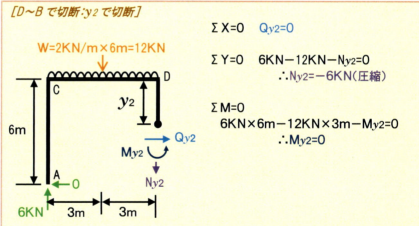

！ポイント！

せん断力の正負の見分け方

$\uparrow\downarrow$：時計回りのせん断力⇒プラス（＋）
$\downarrow\uparrow$：反時計回りのせん断力⇒マイナス（－）

（解説）
　前述のラーメンでは、右側の柱DBを切断して解くとき2通りあります。それは、解答にあるとおり、右上の[D〜B で切断：y_2 で切断]の場合と左上の[B〜D で切断：y_2 で切断]の場合です。
　両方解いてみて明らかなのは、左上の[B〜D で切断：y_2 で切断]の方が簡単だということです。

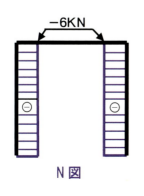

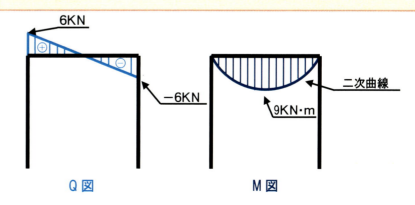

3ヒンジラーメンを解いてみよう①　（解答）

1　次の3ヒンジラーメンを解き、N・Q・M図を書きなさい。

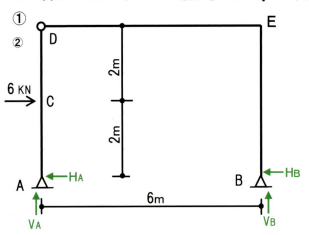

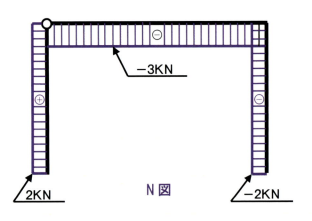

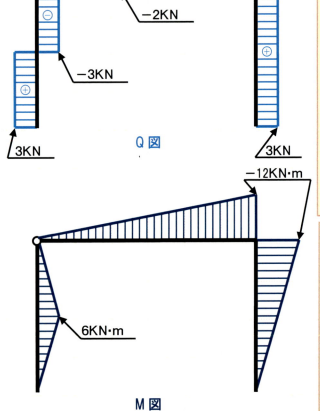

(反力)
$\Sigma X=0$　$6KN - H_A - H_B = 0$ ･･･①
$\Sigma Y=0$　$V_A + V_B = 0$ ･･･②
$\Sigma M_B=0$　$6m \times V_A + 6KN \times 2m = 0$　$V_A = -2KN(\uparrow)$
　　　　マイナスなので仮定した向き逆　∴$V_A = 2KN(\downarrow)$･･③
$\Sigma M_{D左}=0$　$H_A \times 4m - 6KN \times 2m = 0$　∴$H_A = 3KN(\leftarrow)$･･④
③を②に代入　∴$V_B = 2KN(\uparrow)$
④を①に代入　∴$H_B = 3KN(\leftarrow)$

[A〜Cで切断]

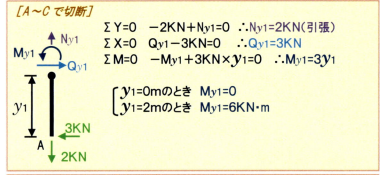

$\Sigma Y=0$　$-2KN + N_{y1} = 0$　∴$N_{y1} = 2KN$(引張)
$\Sigma X=0$　$Q_{y1} - 3KN = 0$　∴$Q_{y1} = 3KN$
$\Sigma M=0$　$-M_{y1} + 3KN \times y_1 = 0$　∴$M_{y1} = 3y_1$

$\begin{cases} y_1 = 0m のとき\ M_{y1} = 0 \\ y_1 = 2m のとき\ M_{y1} = 6KN\cdot m \end{cases}$

[C〜Dで切断]

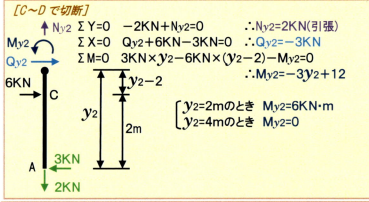

$\Sigma Y=0$　$-2KN + N_{y2} = 0$　∴$N_{y2} = 2KN$(引張)
$\Sigma X=0$　$Q_{y2} + 6KN - 3KN = 0$　∴$Q_{y2} = -3KN$
$\Sigma M=0$　$3KN \times y_2 - 6KN \times (y_2 - 2) - M_{y2} = 0$
　　　　　　∴$M_{y2} = -3y_2 + 12$

$\begin{cases} y_2 = 2m のとき\ M_{y2} = 6KN\cdot m \\ y_2 = 4m のとき\ M_{y2} = 0 \end{cases}$

[D〜Eで切断]

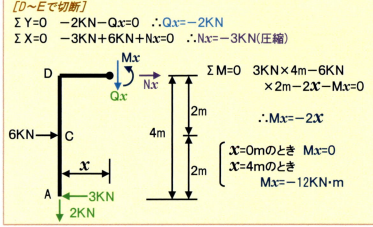

$\Sigma Y=0$　$-2KN - Q_x = 0$　∴$Q_x = -2KN$
$\Sigma X=0$　$-3KN + 6KN + N_x = 0$　∴$N_x = -3KN$(圧縮)
$\Sigma M=0$　$3KN \times 4m - 6KN \times 2m - 2x - M_x = 0$
　　　　　　∴$M_x = -2x$

$\begin{cases} x = 0m のとき\ M_x = 0 \\ x = 4m のとき\ M_x = -12KN\cdot m \end{cases}$

[B〜Eで切断]

$\Sigma Y=0$　$2KN + N_{y3} = 0$　∴$N_{y3} = -2KN$(圧縮)
$\Sigma X=0$　$Q_{y3} - 3KN = 0$　∴$Q_{y3} = 3KN$
$\Sigma M=0$　$M_{y3} + 3KN \times y_3 = 0$
　　　　　　∴$M_{y3} = -3y_3$

$\begin{cases} y_3 = 0m のとき\ M_{y3} = 0 \\ y_3 = 4m のとき\ M_{y3} = -12KN\cdot m \end{cases}$

3ヒンジラーメンを解いてみよう②　（解答）

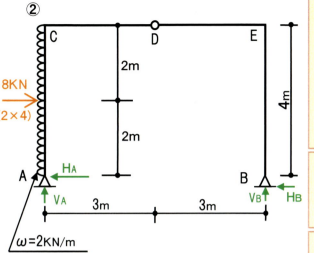
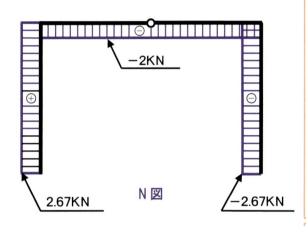
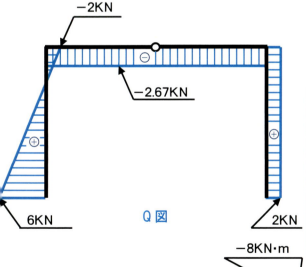
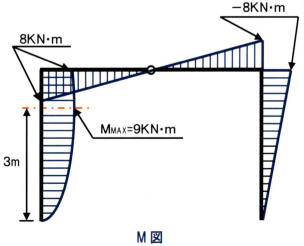

（反力）

$\Sigma X = 0$　　$8\text{KN} - H_A - H_B = 0$　…①

$\Sigma Y = 0$　　$V_A + V_B = 0$　…②

$\Sigma M_B = 0$　　$8\text{KN} \times 2\text{m} + 6\text{m} \times V_A = 0$　∴ $V_A = -2.67\text{KN}$　…③

③を②に代入すると　$V_B = 2.67\text{KN}$

$\Sigma M_{D左} = 0$　　$-8\text{KN} \times 2\text{m} - 2.67\text{KN} \times 3\text{m} + 4\text{m} \times H_A = 0$

　　　　　　　∴ $H_A = 6\text{KN}$　…④

④を①に代入すると　$H_B = 2\text{KN}$

！ポイント！
$\Sigma M_{D左}$とは、D点から左側のAC柱とCD梁の部分でのモーメントの合計を示します。3ヒンジラーメンの場合、必ず柱・梁にある3ヒンジ目を中心に左右に部材を分けてモーメントを考え、反力を求めます。

[A〜Cで切断]

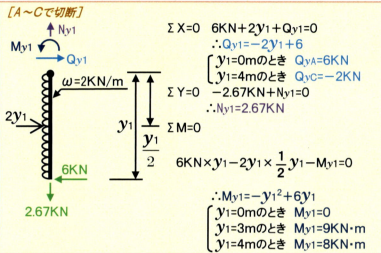

$\Sigma X = 0$　$6\text{KN} + 2y_1 + Q_{y1} = 0$
∴ $Q_{y1} = -2y_1 + 6$

$\begin{cases} y_1 = 0\text{m のとき} & Q_{yA} = 6\text{KN} \\ y_1 = 4\text{m のとき} & Q_{yC} = -2\text{KN} \end{cases}$

$\Sigma Y = 0$　$-2.67\text{KN} + N_{y1} = 0$
∴ $N_{y1} = 2.67\text{KN}$

$\Sigma M = 0$

$6\text{KN} \times y_1 - 2y_1 \times \frac{1}{2}y_1 - M_{y1} = 0$

∴ $M_{y1} = -y_1^2 + 6y_1$

$\begin{cases} y_1 = 0\text{m のとき} & M_{y1} = 0 \\ y_1 = 3\text{m のとき} & M_{y1} = 9\text{KN} \cdot \text{m} \\ y_1 = 4\text{m のとき} & M_{y1} = 8\text{KN} \cdot \text{m} \end{cases}$

！ポイント！
モーメント最大値を求めるには、せん断力ゼロのときのy_1を求める。
$Q_{y1} = -2y_1 + 6 = 0$　$y_1 = 3$のときQ_{y1}がゼロでM_{MAX}になる。

[C〜Eで切断]

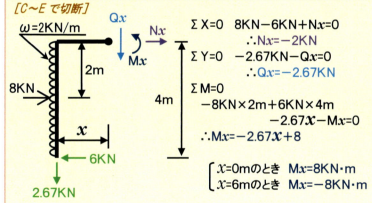

$\Sigma X = 0$　$8\text{KN} - 6\text{KN} + N_x = 0$
∴ $N_x = -2\text{KN}$

$\Sigma Y = 0$　$-2.67\text{KN} - Q_x = 0$
∴ $Q_x = -2.67\text{KN}$

$\Sigma M = 0$

$-8\text{KN} \times 2\text{m} + 6\text{KN} \times 4\text{m} - 2.67x - M_x = 0$

∴ $M_x = -2.67x + 8$

$\begin{cases} x = 0\text{m のとき} & M_x = 8\text{KN} \cdot \text{m} \\ x = 6\text{m のとき} & M_x = -8\text{KN} \cdot \text{m} \end{cases}$

[B〜Eで切断]

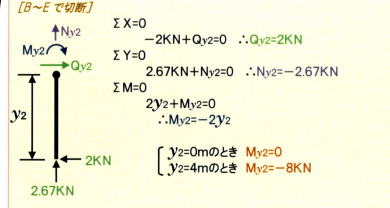

$\Sigma X = 0$
　$-2\text{KN} + Q_{y2} = 0$　∴ $Q_{y2} = 2\text{KN}$

$\Sigma Y = 0$
　$2.67\text{KN} + N_{y2} = 0$　∴ $N_{y2} = -2.67\text{KN}$

$\Sigma M = 0$
　$2y_2 + M_{y2} = 0$
　　∴ $M_{y2} = -2y_2$

$\begin{cases} y_2 = 0\text{m のとき} & M_{y2} = 0 \\ y_2 = 4\text{m のとき} & M_{y2} = -8\text{KN} \end{cases}$

応力度とひずみ度を求めよう （解答）

1 次の応力度を求めなさい。

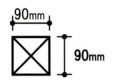

① 垂直応力度（σ：シグマ）

A：断面積（90mm×90mm）
P：垂直の外力（3KN）
3KN＝3000N

$\sigma = \dfrac{P}{A}$ なので $\sigma = \dfrac{3000\,N}{90\,mm \times 90\,mm} = $ 0.38N/mm²

② せん断応力度（τ：タウ）

A：断面積（90mm×90mm）
Q：せん断の外力（10KN）
10KN＝10000N＝10⁴N

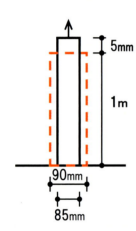

$\tau = \dfrac{Q}{A}$ なので $\tau = \dfrac{10 \times 10^3\,N}{90\,mm \times 90\,mm} = $ 1.24N/mm²

2 次のひずみ度を求めなさい。（引張で、破線から実線へと伸びた場合）

① 縦ひずみ度（ε：イプシロン）

ℓ：縦長さ（1m＝1000mm）
Δℓ：縦長さ方向の伸び（5mm）

$\varepsilon = \dfrac{\Delta \ell}{\ell}$ なので $\varepsilon = \dfrac{5\,mm}{1000\,mm} = $ 0.005

※単位はなし

② 横ひずみ度（ε′）

d：横幅（90mm）
Δd：横幅方向の伸び（90－85＝5mm）

$\varepsilon' = \dfrac{\Delta d}{d}$ なので $\varepsilon' = \dfrac{5\,mm}{90\,mm} = $ 0.06

※単位はなし

③ ポアソン比（ν：ニュー）

ε′：横ひずみ度（0.06）
ε：縦ひずみ度（0.005）

$\nu = \dfrac{\varepsilon'}{\varepsilon}$ なので $\nu = \dfrac{0.06}{0.005} = $ 12

※単位はなし

図心・断面2次モーメント・断面係数を求めよう （解答）

1 次の図心の位置を求めなさい。

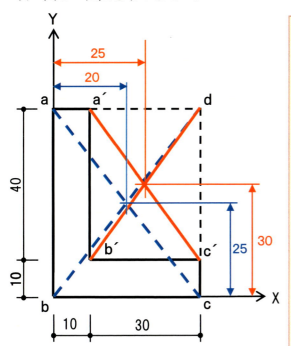

A を断面積、S_x を X 軸からの断面一次モーメント、S_y を Y 軸からの断面一次モーメントとすると、

$A = 40 \times 50 - 30 \times 40 = 800 \text{mm}^2$

$S_x = 40 \times 50 \times 25 - 30 \times 40 \times 30 = 14000 \text{mm}^3$

$S_y = 40 \times 50 \times 20 - 30 \times 40 \times 25 = 10000 \text{mm}^3$

図心の座標を x_0、y_0 とすると、

$y_0 = \dfrac{S_x}{A} = \dfrac{14000}{800} = 17.5 \text{mm}$

$x_0 = \dfrac{S_y}{A} = \dfrac{10000}{800} = 12.5 \text{mm}$

2 次の断面の断面2次モーメント（I）を求めなさい。（中央は空洞、単位はmm）

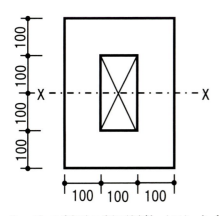

矩形の断面2次モーメント（I）は公式により

$I = \dfrac{BH^3}{12}$ 、また、X 軸は2つの矩形の中心を通っているので、大きい方の矩形から中央の空洞部分を単純に差し引きできる。

$I = \dfrac{300 \times 400^3}{12} - \dfrac{100 \times 200^3}{12}$

$= 15.4 \times 10^8 \text{mm}^4$

3 次の断面の断面係数（Z）を求めなさい。（単位はmm）

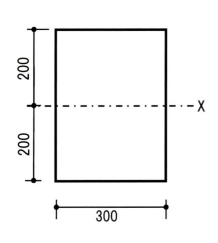

矩形の断面係数（Z）は公式により

$Z = \dfrac{BH^2}{6}$

$Z = \dfrac{300 \times 400^2}{6} = 8.0 \times 10^6 \text{mm}^3$

静定トラスをクレモナ図解法(節点法)で解いてみよう① (解答)

1 次のキングポストトラスをクレモナ図解法（節点法）で解き、軸方向力図を書きなさい。

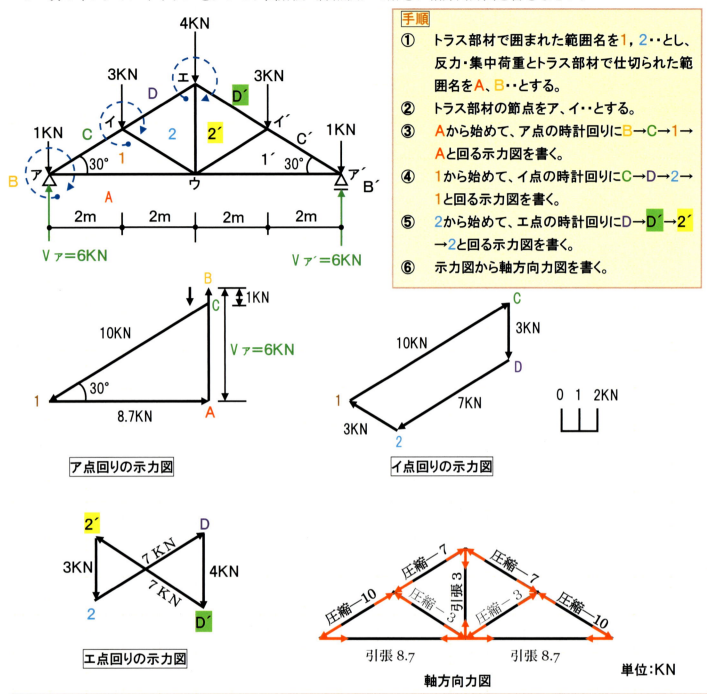

さらに詳しい手順

1 示力図の書き方には、慣れが必要です。ア点回りの示力図の書き方を詳しく解説します。
① まず、書き始めは、必ずトラスの左側の B の範囲と A の範囲に挟まれている反力を必要な縮尺（ここでは、1CM＝2KN）で6KNの上向き矢印を書きます。
② 次に、BとCに挟まれている集中荷重1KNを下向きに書きます。
③ 続いて、Cと1に挟まれている 30°のトラス軸方向力を三角定規等で平行移動して、斜め下方向の 30°に線を引きます。
④ さらに、1と A とに挟まれている部材を A から水平に線を引きますと交点が1になります。
⑤ そして、1CM＝2KNとして定規で測り水平に右向き8.7KNになる。また、斜め下向きに10KNになります。
⑥ それで、必ず、示力図は閉じる方向で書くようにします。

2 軸方向力図に転記する方法を解説します。
① ア点回りの示力図から、斜め下向きの 10KNは節点から見て、圧縮になるので、マイナス。
② 水平右向きの 8.7KNは節点から見て、引張りになるので、プラス。

静定トラスをクレモナ図解法（節点法）で解いてみよう② （解答）

2 次のフィンクトラスをクレモナ図解法（節点法）で解き、軸方向力図を書きなさい。

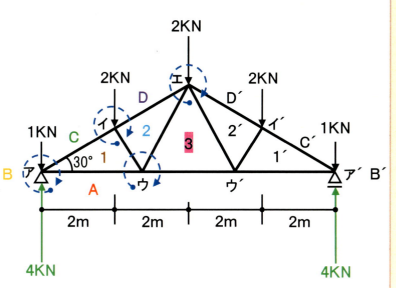

手順
① トラス部材で囲まれた範囲名を1, 2‥とし、反力・集中荷重とトラス部材で仕切られた範囲名をA、B‥とする。
② トラス部材の節点をア、イ‥とする。
③ Aから始めて、ア点の時計回りにB→C→1→Aと回る示力図を書く。
④ 1から始めて、イ点の時計回りにC→D→2→1と回る示力図を書く。
⑤ Aから始めて、ウ点の時計回りに1→2→3→Aと回る示力図を書く。
⑥ 3から始めて、エ点の時計回りに2→D→D´→2´→3と回る示力図を書く。
⑦ 示力図から軸方向力図を書く。

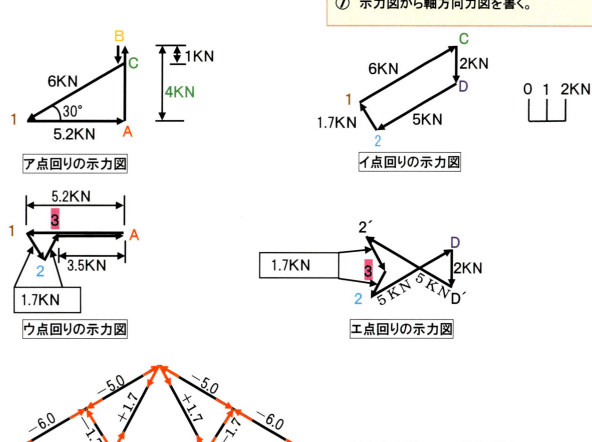

軸方向力図　　単位：KN

引張：＋　圧縮：－

！ポイント！

キングポストトラスとフィンクトラスの小屋組で、陸梁は全てプラス(引張材)になる。一方、合掌は全てマイナス(圧縮材)になる。また、キングポストトラスの真束はプラス(引張材)、方づえはマイナス(圧縮材)になる。そして、フィンクトラスの方づえは中央部分がプラス(引張材)、それ以外はマイナス(圧縮材)になる。

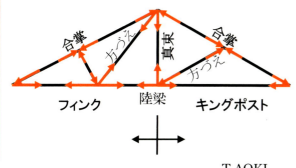

静定トラスを算式解法で解いてみよう （解答）

3 次のキングポストトラスを算式解法で解き、軸方向力図を書きなさい。

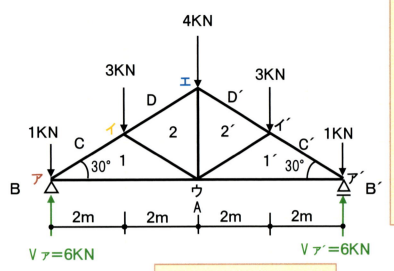

手順
① ア点、イ点、エ点の順に力のつりあい条件式、$\Sigma Y=0$、$\Sigma X=0$ から $N_1 \sim N_5$ を仮定し、軸方向力を求める。
② このとき、$\sin 30°=\dfrac{1}{2}$ と $\cos 30°=\dfrac{\sqrt{3}}{2}$ を用いる。
③ 軸方向力図を書く。

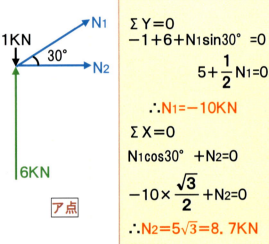

ア点

$\Sigma Y=0$
$-1+6+N_1 \sin 30°=0$
$5+\dfrac{1}{2}N_1=0$
$\therefore N_1=-10\text{KN}$

$\Sigma X=0$
$N_1 \cos 30°+N_2=0$
$-10\times\dfrac{\sqrt{3}}{2}+N_2=0$
$\therefore N_2=5\sqrt{3}=8.7\text{KN}$

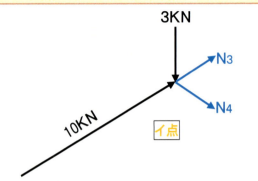

イ点

$\Sigma Y=0$
$-3+10\sin 30°+N_3 \sin 30°-N_4 \sin 30°=0 \quad -①$

$\Sigma X=0$
$10\cos 30°+N_3 \cos 30°+N_4 \cos 30°=0 \quad -②$

①×$\sqrt{3}$＋②

$\quad 2\sqrt{3}+\dfrac{\sqrt{3}}{2}N_3-\dfrac{\sqrt{3}}{2}N_4=0$
$+\big)\ 5\sqrt{3}+\dfrac{\sqrt{3}}{2}N_3+\dfrac{\sqrt{3}}{2}N_4=0$
$\overline{\quad 7\sqrt{3}+\sqrt{3}N_3\qquad\qquad =0}$

$\therefore N_3=-7\text{KN}、N_4=-3\text{KN}$

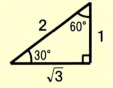

エ点

$\Sigma Y=0$
$-4-N_5+2\times 7\sin 30°=0$
$-4-N_5+2\times 7\times\dfrac{1}{2}=0$
$\therefore N_5=3\text{KN}$

！ポイント！ 斜めの力を Y、X 方向の分力にするには、三角比を用いる。

（X方向の分力）＝$2\times\cos 30°=\sqrt{3}$
（Y方向の分力）＝$2\times\sin 30°=1$

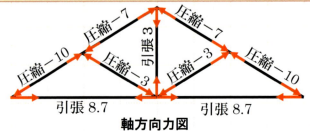

軸方向力図　　　単位：KN

静定トラスを切断法(リッターの切断法)で解いてみよう　(解答)

1　次のプラットトラスのEG材の軸方向力を、切断法（リッターの切断法）によって求めなさい。

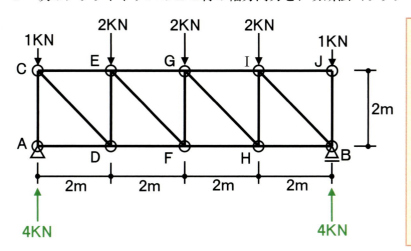

手順
① 反力を求める。
② EG、EF、DFを切断し、それぞれ、軸方向力 N_1、N_2、N_3 を引張方向（プラス）に仮定する。
③ EGの軸方向力 N_1 だけ残るようにモーメントの中心点Fを取る。
④ F点回りのモーメントの合計 $\Sigma M_F = 0$ として、N_1 を求める。

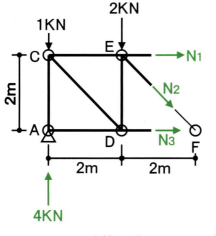

（反力）
左右対称なので、
(1KN+2KN+2KN+2KN+1KN)÷2＝4KN

$\Sigma M_F = 0$
$-1KN \times 4m - 2KN \times 2m + 4KN \times 4m + N_1 \times 2m = 0$
$\therefore N_1 = -4KN$（圧縮力）

2　次の、片持梁系トラスのA部材の軸方向力を、切断法（リッターの切断法）によって求めなさい。

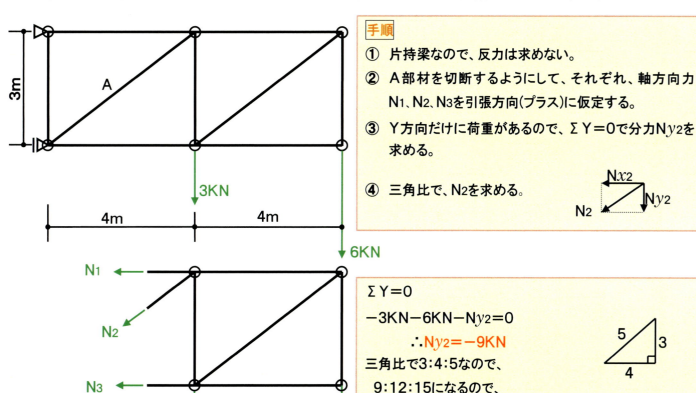

手順
① 片持梁なので、反力は求めない。
② A部材を切断するようにして、それぞれ、軸方向力 N_1、N_2、N_3 を引張方向（プラス）に仮定する。
③ Y方向だけに荷重があるので、$\Sigma Y = 0$ で分力 $N y_2$ を求める。
④ 三角比で、N_2 を求める。

$\Sigma Y = 0$
$-3KN - 6KN - N y_2 = 0$
$\therefore N y_2 = -9KN$
三角比で3:4:5なので、
9:12:15になるので、
$\therefore N_2 = -15KN$（圧縮力）

青木　敬（あおき たかし）

1960年神奈川県横浜市生まれ
1983年職業訓練大学校　長期課程　建築科卒業
1983年神奈川県奉職
　○職業技術校等で建築系職業訓練指導員として、専門・就職指導
　○元東部総合職業技術校（かなテクカレッジ）職業訓練指導員
2015年神奈川県退職
2015年A. B. S. M. スクール代表

くわしいカラー解答付　建築構造力学演習問題 I （静定構造編）

2015年8月30日発行

著　者　青木　敬
発行所　ブックウェイ
　　〒670-0933　姫路市平野町62
　　TEL.079 (222) 5372　FAX.079 (244) 1482
　　https://bookway.jp
印刷所　小野高速印刷株式会社
©Takashi Aoki 2015, Printed in Japan
ISBN978-4-86584-055-1

乱丁本・落丁本は送料小社負担でお取り換えいたします。

本書のコピー、スキャン、デジタル化等の無断複製は著作権法上での例外を除き禁じられています。本書を代行業者等の第三者に依頼してスキャンやデジタル化することは、たとえ個人や家庭内の利用でも一切認められておりません。